एक दलीय और गठबंधन सरकारों का तुलनात्मक अध्ययन

डॉ अमिला पटेल

Copyright © Dr. Amila Patel
All Rights Reserved.

This book has been published with all efforts taken to make the material error-free after the consent of the author. However, the author and the publisher do not assume and hereby disclaim any liability to any party for any loss, damage, or disruption caused by errors or omissions, whether such errors or omissions result from negligence, accident, or any other cause.

While every effort has been made to avoid any mistake or omission, this publication is being sold on the condition and understanding that neither the author nor the publishers or printers would be liable in any manner to any person by reason of any mistake or omission in this publication or for any action taken or omitted to be taken or advice rendered or accepted on the basis of this work. For any defect in printing or binding the publishers will be liable only to replace the defective copy by another copy of this work then available.

पिता श्रीमान मानसिंह पटेल माता श्रीमति राजकुंवर पटेल बड़ेभाई अर्जुनसिंह पटेल पति लोकेन्द्रसिंह ठाकुर पुत्र विधान को समर्पित

क्रम-सूची

प्रस्तावना — vii

भूमिका — xi

पावती (स्वीकृति) — xiii

आमुख — xv

1. भारतीय संविधान एक संक्षिप्त परिचय — 1

2. भारत में केन्द्र-राज्य संबंध पर एक नजर — 12

3. केन्द्र में एकदलीय सरकारों का दौर और केन्द्र-राज्य संबंध — 27

4. केन्द्र में गठबंधन सरकारें और केन्द्र-राज्य संबंध — 52

5. अध्याय 5 — 78

प्रस्तावना

केन्द्र-राज्य संबंधों का अध्ययन तथा विश्लेषण सदैव सामयिक तथा प्रासंगिक रहा है। केन्द्र-राज्य
संबंधों को कई प्रकार से अध्ययन का विषय बनाया जा सकता है। भारत एक विशाल तथा विभिन्नताओं वाला
देश है। भारत में संघात्मक शासन व्यवस्था है, जिसके अन्तर्गत संघ व राज्यों के बीच संबंध को भारत के
संविधान में परिभाषित किया गया है। संविधान में केन्द्र-राज्य संबंधों को तीन प्रकार से बांटा गया है- विधायी
संबंध, प्रशासनिक संबंध और वित्तीय संबंध। जिसके लिए संविधान की सातवीं अनुसूची (संघ सूची, राज्य सूची
और समवर्ती सूची) में केन्द्र व राज्यों को विधायी, प्रशासनिक तथा वित्तीय शक्तियाँ प्रदान की गई हैं। दोनों
सरकारें अपने-अपने कार्य-क्षेत्र में संविधान द्वारा प्रदत्त शक्तियों का प्रयोग करते हैं।
वस्तुतः वर्तमान समय में कोई भी संघीय शासन प्रणाली वाला देश यह दावा नहीं कर सकता कि, वो
केन्द्र-राज्य मतभेदों की समस्या से पूर्णतया उन्मुक्त है।
भारतीय संघवाद राष्ट्र निर्माण के साथ-साथ राष्ट्रीय एकता के संकल्प को भी पूरा करता है। सरकार की
केन्द्रीकृत सत्ता द्वारा नीचे की इकाइयों यानि राज्यों को शक्तियों का हस्तान्तरण किया जाता है। भारतीय
शासन व्यवस्था एकात्मक व संघात्मक दोनों प्रकार की है। तथा यह बदलती हुई परिस्थितियों के अनुरूप
एकात्मक और संघात्मक व्यवस्था में बदल जाती है। जहाँ शान्तिकाल में संघात्मक रहती है वही संकटकाल में
राष्ट्रीय एकता और सुरक्षा की दृष्टि से एकात्मक व्यवस्था का रूप धारण कर लेती है। अर्थात् देश की एकता व
अखण्डता के लिए एक मजबूत व शक्तिशाली केन्द्र की स्थापना की गई। सरकारिया आयोग (1983) की रिपोर्ट
भी सुदृढ़ केन्द्र की आवश्यकता पर बल देती है।
स्वतंत्रता के पश्चात लगभग तीन दशक तक भारतीय राजनीति पर एक ही राजनीतिक दल (कांग्रेस) का
एकछत्र राज रहा। केन्द्र में पहली बार 1967 में इंदिरा गाँधी के नेतृत्व में अल्पमत की

सरकार बनी। इसके बाद

1977 और 1989 से 2014 तक गठबंधन सरकारें अस्तित्व में रहीं। इस समय तक आते-आते गठबंधन सरकार

को देश का भविष्य माना जाने लगा। परन्तु 2014 के आम चुनाव के परिणामों ने गठबंधन सरकार के प्रति

धारणा को बदल दिया। तथा 2014 और 2019 के आम चुनाव में पूर्ण बहुमत की सरकारें गठित हुई हैं। केन्द्र में

एकदलीय सरकारों का दौर पुनः देखा जा सकता है।

भारत की संघीय व्यवस्था के स्वरूप के निर्धारण तथा संचालन में प्रधानमंत्री की अत्यंत महत्वपूर्ण व

अहम भूमिका रहती है। वह केन्द्र-राज्य संबंधों के बीच की धुरी है। प्रधानमंत्री का व्यक्तित्व, उसका नेतृत्व तथा

उसकी कार्यशैली पर केन्द्र-राज्य संबंधों का भविष्य तथा स्वरूप निर्भर करता है। साथ ही राज्यों में मुख्यमंत्रियों

के चयन व अपदस्थ करने आदि में भी प्रधानमंत्री की निर्णायक भूमिका रहती है।

प्रधानमंत्री की स्थिति को सरकार का स्वरूप प्रभावित करता है। अर्थात् एकात्मक व गठबंधन सरकारों

के दौर में प्रधानमंत्री के निर्णय लेने की शक्ति व उसके निर्णय की स्वतंत्रता पर पड़ने वाले प्रभाव को स्पष्ट देखा

जा सकता है।

प्रस्तुत पुस्तक में हम 'एक दलीय और गठबंधन सरकारों तथा केन्द्र-राज्य संबंधों' का अध्ययन' को

समझने का प्रयास करेंगे। भारत विश्व का सबसे बड़ा लोकतांत्रिक देश है। जहां समाज की विभिन्नता,

सार्वभौमिक वयस्क मताधिकार, विलक्षण राजनैतिक प्रक्रियाओं आदि कारणों के चलते कई प्रकार के

राजनीतिक दलों का उदय हुआ। अनेक दल व्यवस्था के बावजूद भी भारत में एक लंबे समय कांग्रेस का शासन

रहा। राजनीतिक विचारक 'रजनी कोठारी ने भारत में एकदलीय व्यवस्था को एकदलीय शासन व्यवस्था अथवा

कांग्रेस व्यवस्था कहा है। यह स्थिति आजादी के बाद के लगभग 30 वर्षों तक रही।

वर्तमान में देश में सात राष्ट्रीय दल, 40 राज्य स्तरीय दल तथा 980 गैर-मान्यता प्राप्त पंजीकृत दल

है। इसके अतिरिक्त वामपंथी दल, केन्द्रीय दल, दक्षिणपंथी दल, सांप्रदायिक दल तथा गैर

सांप्रदायिक दल आदि

भी अस्तित्व में है। एसी स्थिति में हर पांच साल की अवधि के बाद लोकसभा व विधानसभा के चुनाव होता हैं। इन

चुनावों के द्वारा जनता अपने प्रतिनिधि का चयन करती है। ये प्रतिनिधि ही केन्द्र व राज्य स्तर पर सरकारों का

गठन कर शासन करते हैं। भारत में बहुदलीय व्यवस्था को अपनाया गया है। कई बार किसी दल स्पष्ट बहुमत न

मिल पाने के कारण राजनीतिक अस्थिरता की स्थिति उत्पन्न हो जाती है। अतः गठबंधन सरकारों का निर्माण

आवश्यक हो जाता है।

भूमिका

भारत की स्वतंत्रता के बाद से ही केन्द्र-राज्य संबंध का मसला संवेदनशील बना हुआ है। संवेदनशीलता के

कारण भाषा, राज्यों का असमान विकास, क्षैत्रियता का विषय, राज्यों का गठन या पुनर्गठन, वित्त आदि रहे

हैं। केन्द्र और राज्यों के विषयों पर नीति निर्माण पर सवाल खड़े करने पर भी केन्द्र व राज्य के बीच इनको

लेकर आपसी समझ किस प्रकार की है, ये बात महत्वपूर्ण है। केन्द्र और राज्यों के बीच गतिरोध का इतिहास

कोई नया विषय नही है। एक दल की सरकारें केन्द्र व राज्यों में होने के बावजूद राज्यों में केन्द्रीय सहायता को

लेकर असंतोष कई बार देखा गया जिसे कई बार राज्य सरकारों ने व्यक्त भी किया। एक दलीय सरकारों के

दौर में केन्द्र-राज्य संबंधों में तनाव और विवाद के मुद्दे कम ही रहे थे। चूंकि केन्द्र व राज्य में एक ही दल की

सरकार थी। परन्तु जब केन्द्र व राज्यों में अलग-अलग दलों की सरकारें अस्तित्व में आने लगी तो केन्द्र-राज्य

संबंधों में कटुता बढ़ने लगी। एकदलीय सरकारों के दौर में केन्द्र की स्थिति राज्यों की तुलना में अधिक

शक्तिशाली रही। वही दूसरी ओर एक दल प्रधान व्यवस्था के बाद 1989 में गठबंधन सरकार का दौर प्रारम्भ

होने के बाद गठबंधन सरकार में केन्द्र सरकार की स्थिति पूर्व की भांति सुदृढ़ नही रह सकी। केन्द्र सरकार का

प्रभाव राज्यों की राजनीति में पहले की अपेक्षा कम हो गया। गठबंधन की सरकारकारों का अस्तित्व अपने

घटक दलों के समर्थन पर टिका होता हे। गठबंधन में प्रधानमंत्री व मुख्यमंत्री के पद की सर्वोच्चता में भी कमी

आई। गठबंधन की सरकार को अपने अस्तित्व को बनाए रखने के लिए घटक या सहयोगी दलों के समर्थन पर

निर्भर रहना पड़ता है। तथा समर्थन के बदले सहयोगी दल सौदेबाजी की नीति का अनुसरण करते हैं। बदलते

राजनीतिक परिवेश में केन्द्र और राज्यों में तनाव होना स्वभाविक है। परन्तु यदि केन्द्र व राज्य अपने

राजनीतिक स्वार्थ की नीति से ऊपर उठकर देशहित के कार्यों पर अधिक ध्यान दें, तो केन्द्र-राज्य संबंधों की

काफी समस्याएं स्वतः ही समाप्त हो सकती हैं और सहयोगात्मक संघवाद को सफल बनाया जा सकता है।

केन्द्र-राज्य संबंध केन्द्र और राज्य सरकारों के पारस्परिक दृष्टिकोण पर काफी हद तक निर्भर करता है। केन्द्र

सरकार को जहाँ सहनशीलता की नीति अपनानी चाहिए वही दूसरी ओर राज्य सरकारों को भी केन्द्रीय

सरकार की सामान्य नीतियों के अन्तर्गत रहते हुए कार्य करना चाहिए। यदि केन्द्र और राज्य सरकारें एक-

दूसरे की शक्तियों और सुविधाओं को दृष्टि में रखकर अपने-अपने कार्य करें, तो दोनों सरकारों में संतुलन

स्थापित हो सकेगा और तनाव व टकराव के मुद्दे समाप्त हो सकते है।

पावती (स्वीकृति)

यह बताते हुए बड़ा हर्ष हो रहा है,कि मेरा पुस्तक लेखन का कार्य पूर्ण हो चुका है। इसके लिए मैं उन सभी के प्रति धन्यवाद प्रकट करना अपना परम कर्तव्य समझती हूँ जिनके सहयोग से यह कार्य पूर्ण हो सका। सर्व प्रथम मैं अपने माता-पिता व परिवार के सदस्यों की आभारी हूँ।जिन्होंने मुझे इस योग्य बनाने में सहयोग दिया साथ ही घर में अध्ययन का वातावरण बनाए रखा। मैंआभारीहूँ अपने शोध निदेशक डॉ संजय जैन की जिनसे मुझे पुस्तक लेखन की प्रेररणा मिली। मैं उन सभी पुस्तकालयों की भी आभारीहूँ जहाँ से मुझे अध्ययन सामग्री प्राप्त करने में सहायता मिली। मैं उन सभी राजनीति-विज्ञान विषय की पुस्तकों के लेखकों का धन्यवाद करती हूँ, जिनके लेखन से मुझे अपनी पुस्तक के लिए अध्ययन स्त्रोत उपलब्ध हो सके। आभार डॉ. तोमर सर का उन्होंने सुझाव व सहयोग प्रदान किया।अन्त में संपादक महोदय का धन्यवाद।

आमुख

इस पुस्तक के पिछे मेरा व कुछ महत्वपूर्ण लोगों का बहुमूल्य श्रम तथा समय लगा है। यह पुस्तक मेरे शोध

कार्य (''प्रधानमंत्री डॉ. मनमोहनसिंह के कार्यकाल में केन्द्र-राज्य संबंध 2004-2014ई. मध्य प्रदेश के विशेष

संदर्भ में'') का एक भाग है। यह मेरी प्रथम प्रकाशित पुस्तक है। जिसकी प्रेरणा मुझे अपने शोध निर्देशक

स्व.डॉ. संजय जैन से मिली। मैं उनकी आभारी हूं। प्रस्तुत शोध में वैज्ञानिक अध्ययन पद्धति की

वर्णनात्मक-विश्लेषणात्मक पद्धति का सहारा लिया गया है। तथ्यों का संग्रहण, वर्गीकरण और विश्लेषण,

वैज्ञानिक अनुभाविक ऐतिहासिक पद्धति से किया गया है। विषय "प्रधानमंत्री डॉ. मनमोहन सिंह के

कार्यकाल में केन्द्र-राज्य संबंध (2004-2014) म.प्र. के विशेष संदर्भ में।" से संबंधित समकालीन लिखित

दस्तावेजों व उपलब्ध साहित्य को संकलित करते हुए उनका विश्लेषणात्मक अध्ययन किया जाएगा। प्राथमिक

स्त्रोतों के एकीकरण हेतु लोकसभा डिबेट्स, राज्य सभा डिबेट्स, विधानसभा डिबेट्स, से शोध हेतु सामग्री

एकत्रित की गई है। द्वितीयक स्त्रोतों के लिए राष्ट्रीय राजनीति के प्रसिद्ध विद्वानों द्वारा लिखित पुस्तकों, लेखों,

शोध-पत्रिकाओं तथा इन्टरनेट की मदद भी ली गई है। इस हेतु प्रमुख ग्रंथालयों- पंडित जवाहरलाल नेहरू

ग्रंथालय दिल्ली, आई.सी.एस.एस.आर. ग्रंथालय दिल्ली, तथा म.प्र. के इन्दौर व भोपाल के प्रमुख ग्रंथालयों

और इसके अतिरिक्त विभिन्न समाचार-पत्र व पत्रिकाओं आदि से आंकड़े (सामग्री) एकत्र करने के पश्चात्

उसका विश्लेषण किया गया है। साथ ही साथ इन्टरनेट पर उपलब्ध सामग्री का भी उपयोग किया गया है। यह

पुस्तक राष्ट्रीय राजनीति की दृष्टि से एकदलीय और गठबंध की सरकारों का तुलनात्मक अध्ययन को

मूल्यांकित करने का एक विनम्र प्रयास है।

1

भारतीय संविधान एक संक्षिप्त परिचय

स्वाधीन राष्ट्र का अपना एक संविधान होता है, जिसके अनुसार उस राष्ट्र या देश का शासन संचालित होता है। हमारी शासन-व्यवस्था का संचालन भी भारतीय संविधान के अनुसार ही होता है। संविधान शासन-व्यवस्था को आधार प्रदान करता है।भारत का संविधान अनेक दृष्टियों से एक अनूठा संविधान है। इसमें अनेक विशेषताएं हैं, जो विश्व के संविधानों से इसकी एक अलग पहचान बनातीहै।[1]

भारत का संविधान विश्व का सबसे बड़ा लिखित व निर्मित संविधान है।संविधान का निर्माण करते समय संविधान निर्माताओं ने राष्ट्रीय एकता व जनतांत्रिक चेतना की सर्वव्यापकता जैसे मूल्यों को सर्वाधिक महत्व दिया था।इन मूल्यों को संविधानिक व्यवस्था के केन्द्रीय तत्व एवं अपरिहार्य अंग बनाने के लिए उन्होंने 2 वर्ष, 11माह, 18दिन तक संविधान सभा में गहन वैचारिक विश्लेषण व मंथन किया। [2] संविधान राष्ट्र की जनता की आस्था ओंए वं मान्यताओं की अभिव्यक्ति करता है।संविधान निर्माताओं का यह ध्येय था, कि वे ऐसे संविधान का निर्माण करें जो भारत जैसे विशाल और सामाजिक विविधता वाले देश के लिए न केवल सामयिक समस्याओं और संकटों के भंवर से देश को उबार सके वर न्युग-युग तक देश का दिशा सूचक बन सके।यह तभी संभव हो सकता था, जब कि संविधान की आत्मा और व्यावहारिकता, निजी सांस्कृतिक धरोहर एवं परदेशी अनुभवों का एक श्रेष्ठ समन्वय हो। भारत का संविधान, संविधान निर्मात्री सभा द्वारा निर्मित व लिखित आलेख है। मूल संविधान में 395 अनुच्छेद थे, जो 22 भागों में विभाजित थे और इसमें कुल 8 अनुसूचियाँ थी।जो वर्तमान भारतीय संविधान में 395 अनुच्छेद (संशोधन सहित 450 अनुच्छेद के लगभग) हैं, जो 22 भागों (संशोधन सहित 25 भाग) में विभाजित हैं और 12 अनुसूचियाँ हैं।[3]

संविधान सभा की प्रथम बैठक 9 दिसम्बर 1946 को संसद के केन्द्रीय कक्ष में डॉ. सच्चिदानन्द सिन्हा (अस्थायी अध्यक्ष) की अध्यक्षता में हुई थी।परन्तु बाद में डॉ. राजेन्द्र

प्रसाद को 11 दिसम्बर, 1946 को संविधान सभा का स्थायी सभापति चुना गया और राजेन्द्र प्रसाद की अध्यक्षता में संविधान निर्माण की कार्यवाही प्रारम्भ हुई। 29 अगस्त, 1947 को संविधान सभा ने डॉ. भीमराव अम्बेडकर की अध्यक्षता में 8 सदस्यों की एक प्रारूप समिति का निर्माण किया गया।इस समिति का कार्य संविधान का प्रारूप तैयार करना था । 5 नवम्बर, 1948 ई. को इस समिति ने 315 धाराओं तथा 8 परिशिष्टों का एक मसविदा संविधान सभा के पटल पर प्रस्तुत किया। जिसमें 2437 संशोधन करने के बाद में 395 धाराओं तथा 9 परिशिष्टों वाला संविधान 26 नवम्बर, 1949 को स्वीकार कर लिया गया। [4]भारतीय संविधान को आंशिक रूप से 26 नवम्बर, 1949 को लागू किया गया तथा पूर्ण रूप से 26 जनवरी 1950 को लागू किया गया। [5] (26 जनवरी, 1930 की ऐतिहासिक तारीख के सम्मान में) भारत एक संघ-राज्यहै। संविधान के अनुच्छेद-1 में भारत को 'राज्यों का संघ' कहा गया है। [6]भारत में संघीय शासन व्यवस्था को अपनाया है।संघात्मक शासन व्यवस्था वह व्यवस्था होती है, जिसमें शक्तियों का दोनों सरकारों (केन्द्र सरकार व राज्य सरकार) के मध्य विधिवत विभाजन कर दिया जाता है। [7] संघीय शासन में दो प्रकार की सरकारें अस्तित्व में होती है।एक केन्द्रीय स्तर की सरकार तथा दूसरी संघ या केन्द्र के अन्तर्गत शामिल विभिन्न राज्यों की अपनी-अपनी सरकारें, जिसमें अधिकार और शक्तियों का एक भाग स्थानीय या राज्यीय सरकार को प्राप्त होता है और दूसरा भाग केन्द्रीय सरकार को। [8] दोनों सरकारें अपने-अपने अधिकार क्षेत्र में रहकर इन शक्तियों या अधिकारों का प्रयोग करती हैं। अर्था त्संघ-राज्य में दोहरी शासन व्यवस्था पायी जाती है।[9] भारतीय शासन व्यवस्था में केन्द्रीय और राज्यीय दोनों सिद्धान्तों का मिश्रण होता है। केन्द्र सरकार और राज्य सरकार का अपना-अपना शासन-तंत्र होता है। जिसके द्वारा केन्द्र व राज्य सरकारें संविधान के अनुसार शासन का संचालन करती हैं।लोकसभा, राज्यसभा, सर्वोच्चन्यायालय, संघ लोक सेवा आयोग आदि इसे एक संघीय ढाँचे का स्वरूप देते हैं।[10] जिसके अन्तर्गत सरकारों के गठन, शक्तियों का विभाजन वितरण तथा क्षेत्राधिकार तय किया जाता है।यह लिखित समझौता संविधान के रूप में होता है, जो केन्द्र व राज्य सरकारों की शक्तियों का स्रोत होता है।[11]केन्द्र सरकार तथा राज्य सरकारों में संविधान के अनुसार शक्तियों का विभाजन किया गया है। दोनों सरकारों को शक्तियाँ संविधान से ही प्राप्त होती हैं।जिस प्रकार केन्द्र सरकार की अपनी व्यवस्थापिका, कार्यपालिका और न्यायपालिका होती है। ठीक उसी प्रकार राज्य सरकारों की अपनी व्यवस्थापिका (विधानमण्डल), कार्यपालिका और न्यायपालिका होती है।

भारत सरकार

संसद

न्यायपालिका

उच्चतम न्यायालय

राष्ट्रपति

प्रधानमंत्री और मंत्रिपरिषद्

कार्यपालिका

व्यवस्थापिका

राज्यसभा

अधिनस्थन्यायालय

उच्चन्यायालय

भारत का महान्यायवादी नियंत्रक एवं लेखापरिक्षक

विभिन्न मंत्रालय तथा प्रशासनिक विभाग

अन्य संस्थाएं

लोकसभा

संसदीय समितियाँ

स्पीकर डिप्टीस्पीकर संसद सचिवालय

सभापति उपसभापति संसद सदस्य सचिवालय

भारत की केन्द्र सरकार को संक्षेप में उपरोक्त रेखा चित्र द्वारा दर्शाया गया है। [12] इसी प्रकार राज्यों की सरकारों की संरचना होती है। हालांकि कुछ राज्यों में विधानपरिषदों होती है व कुछ में नही।

संविधान ने केन्द्र तथा राज्यों दोनों स्तरों पर संसदीय शासन प्रणाली स्थापित की है।भारत के राष्ट्रपति और राज्यों के राज्यपाल वैधानिक प्रावधानों (राज्यप्रमुख) के रूप में कार्य करते हैं। तथा प्रधानमंत्री व मुख्यमंत्री शासन के प्रमुख के रूप में कार्य करते हैं।मंत्रिपरिषद् सामूहिक रूप से केन्द्र में लोकसभा के प्रति और राज्यों में विधानसभाओं के प्रति उत्तरदायी है।[13] जिस प्रकार केन्द्र में प्रधानमंत्री कार्यपालिका का वास्तविक और राष्ट्रपति नाममात्र का प्रधान होता है , उसी तरह राज्यों में कार्यपालिका का वास्तविक प्रधान मुख्यमंत्री और नाममात्र का प्रधान राज्यपाल होता है।भारतीय संघ में वर्तमान समय में 28 राज्य और 9 केन्द्रशासित प्रदेश विद्यमान हैं। भारतीय राजनीतिक व्यवस्था 'सहकारी संघवाद' पर आधारित है। केन्द्र और राज्य दोनों को संविधान द्वारा अधिकार प्राप्तहैं।

कोई भी संविधान चाहे वह कितना भी सुन्दर क्यों न हो यदि हम में विकास की शक्ति नही है, तो वह अतीत का साहित्य बनकर रह जाता है और उसका मंगलकारी स्वरूप नष्ट होने लगता है।[14]

भारतीय संविधान के स्रोत :-

भारतीय संविधान के लिए विषय-वस्तु का संकलन कई स्थानों से किया गया था।इस आधार पर भारतीय संविधान के स्रोतों को हम दो भागों में बांट सकते हैं- जन्म संबंधी और विकासवादी स्रोत।[15]

1. जन्म संबंधी स्रोत-ये वो स्रोत हैं, जिन्होंने संविधान के निर्माण पर प्रभाव डाला था।जिसके तहत हमारे संविधान निर्माताओं ने कई सिद्धान्त तथा नियम लेकर भारतीय संविधान में शामिल किये।ये स्रोत भारतीय संविधान के निर्माण के पूर्व भी विद्यमान रहे थे।

2. विकासवादी स्रोत-इसकेअन्तर्गत वे स्रोत आते हैं, जिन्होंने भारतीय संविधान के विकास में महत्वपूर्ण योगदान दिया था।[16] ये स्रोत समय के साथ विकसित होते रहे हैं। इन स्त्रोतों का विकास संविधान निर्माण के बाद भी गतिशील है।

जन्म संबंधी स्रोतोंमें -

जन्म संबंधी स्त्रोतों के अन्तर्गत अधिनियम जैसे- अधिनियम 1858, कौंसिल ऑफ इंडिया एक्ट (भारतीय परिषद अधिनियम) 1892, मार्ले मिण्टो सुधार अधिनियम (भारतीय परिषद अधिनियम) 1909, भारत शासन अधिनियम 1919, तथा भारत शासन अधिनियम 1935, प्रमुख है। इसके अतिरिक्त विदेशों के संविधान (ब्रिटेन, अमेरिका, कनाडा, आस्ट्रेलिया, आयरलैण्ड, दक्षिण अफ्रिका, रूस, फ्रांस, जर्मनी, जापान आदि), और समितियां की रिपोर्ट तथा संविधान वाद-विवाद आदि शामिल है।

विकास वादी स्त्रोतों में-

विकास वादी स्रोतों में समय-समय पर संसद द्वारा पास किए गए अधिनियम, न्यायिक निर्णय, संवैधानिक विशेषज्ञों के विचार और टीकाएं, संवैधानिक संशोधन, प्रथाएं तथा अभिसमय, अध्यादेश आदि शामिल है।[17] विश्व की विभिन्न राजनीतिक पद्धतियाँ तो संघीय होती हैं अथवा एकात्मक या इन दोनों का एक विचित्र मिश्रण भी हो सकती है।अमेरीका, स्वीट्जरलैण्ड, आस्ट्रेलिया, दक्षिण अफ्रीका, कनाड़ा और भारत को संघीय वर्ग में रखना चाहिए। जब कि ब्रिटेन, फ्रासं, श्रीलंका और चीन जैसे अन्य देश'एकात्मक राज्यों के उदाहरण माना जाता है। [18]भारतीय संघ विश्व के लोकतांत्रिक शासन के प्रमुख प्रतिमानों को ग्रहण किया है। भारत के संविधान निर्माण पर भारतीय सामाजिक, आर्थिक एवं राजनीतिक पारिस्थितिकी का विशेष प्रभाव परिलक्षित होता है। विश्व के अनेक राष्ट्रों की शासन पद्धतियों का अवलोकन करने पर यह स्पष्ट होता है, कि संघात्मक शासन व्यवस्था उन राष्ट्रों में अपनाई जाती है, जहाँ विविध प्रकार की धार्मिक, जातिगत, भाषायी, क्षेत्रीय, सांस्कृतिक, सामाजिक एवं समुदाय गतिविविधताएं पाई जाती हैं।भारत में संघीय व्यवस्था को अपनाने के प्रमुख कारण यहाँ की विशाल जनसंख्या का आकार तथा भाषा, जाति, धर्म आदि की विविधता तथा संविधान निर्माताओं की स्वयं की सामाजिक पृष्ठभूमि रही।संविधान सभा के सामने सबसे बड़ी कठिनाई विविधता में एकता की स्थापना की थी जो संघात्मक व्यवस्था में ही संभव हो सकती थी।अतः संविधान में सरकार का संघीय स्वरूप प्रस्तुत किया गया।[19] परन्तु भारतीय संविधान को पूर्ण रूप से संघात्मक शासन भी नही कहा जा सकता। क्योंकि हमें इसके स्वरूप के संबंध में कई मत देखने को

मिलते हैं। भारतीय संविधान को संविधानविदों द्वारा विभिन्न प्रकार से वर्णित किया गया है। इसे अर्ध परिसंघीय, परिसंघीय किन्तु प्रबल एकात्मक अथवा केन्द्र समर्थक भी कहा गया है। भारतीय संविधान संरचना में परिसंघीय किन्तु भावना में एकात्मक है। अर्थात् सामान्य स्थिति में परिसंघीय किंतु आपात स्थिति आदि के दौरान पूर्णतया एकात्मक रूप में परिवर्तित किया जा सकने वाला संविधान कहा गया है।[20]

भारतीय संविधान के बारे में राजेन्द्र प्रसाद ने कहा था- "व्यक्तिगत रूप से मैं इस बात को कोई महत्व नहीं देता कि इसे आप संघीय संविधान या एकात्मक संविधान अथवा किसी अन्य नाम से पुकारते हैं।अगर संविधान हमारे उद्देश्य को पूरा करता रहे तो नाम से कोई फर्क नही पड़ता।"[21]

भारतीय संविधान की विशेषताएं :-

शक्तियों के केन्द्रीकरण या विकेन्द्रीकरण की दृष्टि से दो प्रकार की शासन व्यवस्थाएं होती है। एकात्मक शासन व्यवस्था और संघात्मक शासन व्यवस्था। भारत में संघात्मक शासन व्यवस्था होने के बावजूद संविधान निर्माताओं ने भारतीय संघ की प्रकृति का निर्धारण करते समय केन्द्र की स्थिति को सुदृढ़ बनाया।[22] भारतीय गणतंत्र के संविधान में संघीय संविधान के लक्षण तो विद्यमान हैं, परन्तु यह एक संघीय शासन स्थापित करने का दावा नही कर सकता क्यों कि इसमें संघीय और एकात्मक दोनों ही प्रकार के लक्षण देखे जा सकते हैं। संविधान सभा के सदस्य यह तय नही कर पाये कि भारतीय संविधान संघीय है अथवा नही।[23] भारतीय संविधान में संघीय शासन व्यवस्था व एकात्मक शासन व्यवस्था दोनों ही प्रकार की शासन व्यवस्थाओं की विशेषताएं विद्यमान है।

संघात्मक व्यवस्था के प्रमुख लक्षण इस प्रकार है :-

(1) लिखित संविधान -

लिखित संविधान संघात्मक शासन के लिए एक आवश्यक शर्त होती है।संघात्मक राज्यों में लिखित संविधान इस तथ्य को सुरक्षा प्रदान करता है, कि संघ में शामिल संघीय सरकार और राज्य सरकारों को अपने-अपने अधिकारों का प्रयोग करती हैं तथा न तो संघ की सरकार राज्यों की सरकारों के कार्या में हस्तक्षेप कर सकती है और नही राज्यों की सरकारें संघ सरकार के अधिकारों का हनन कर सकती है। भारतीय संविधान एक लिखित संविधान है तथा संशोधन की दृष्टि कठोर भी है। [24]

(2) सर्वोच्चत संविधान-

भारतीय संविधान लिखित व कठोर संविधान होने के साथ ही सर्वोच्च भी है।देश की सभी शासकीय संस्थाओं और पदाधिकारियों और उनकी शक्तियों का स्रोत हमारा संविधान ही है। केन्द्रीय व राज्य की सरकारें भारतीय संविधान की अवहेलना नहीं कर सकती।[25] संविधान देश का सर्वोच्च कानून है तथा केन्द्र और राज्यों के कानून संविधान के अनुरूप चलाया जाता है।केन्द्र व राज्य सरकारों के शक्ति का स्रोत संविधान ही होता है।

(3) न्यायालय की स्वतंत्रता एवं सर्वोच्चता-

भारत में स्वतंत्र व निष्पक्ष न्यायपालिका की स्थापना की गई है।संविधान और नागरिकों के मौलिक अधिकारों के संरक्षक के रूप में कार्य करने के लिए एक स्वतंत्र एवं सर्वोच्च न्यायालय की व्यवस्था की गई है।न्यायपालिका को विधायिका तथा कार्यपालिका से स्वतंत्र रखा गया है। संविधान में केन्द्र के लिए एक सर्वोच्च न्यायालय तथा राज्यों में उच्च न्यायालयों कि व्यवस्था की गई है।यदि संसद और राज्य विधानमण्डल कोई ऐसा कानून बनाते हैं, जो संविधान के विरूद्ध हो, तो सर्वोच्च न्यायालय और उच्च न्यायालय उस कानून को असंवैधानिक घोषित कर सकते हैं।

(4) दोनों सरकारों में शक्तियों का विभाजन -

भारतीय संविधान द्वारा संघ और राज्यों के बीच शक्ति का विभाजन किया गया है।शक्ति विभाजन तीन सूचियों के आधार पर किया गया है।

(1) संघसूची - इस सूची के विषयों पर केवल संसद कानून बना सकती है इसमें 97 विषय हैं।

(2) राज्यसूची - राज्यसूची में शामिल विषयों पर राज्य कानून बनाता है। इसमें वर्तमान में 62 विषय हैं।

(3) समवर्तीसूची - इस सूची में वर्णित विषयों पर केन्द्र व राज्य दोनों कानून बना सकते हैं किन्तु यदि संसद (केन्द्र) कानून बनाती है, तो राज्य द्वारा पारित विधि शून्य समझी जाएगी।इसमें 47 विषय हैं।[26]

5. दोहरी शासन व्यवस्था -

संघात्मक शासन व्यवस्था में दोहरी शासन-व्यवस्था पाई जाती है। इस व्यवस्था में दो प्रकार की सरकारें अस्तित्व में होती हैं।एक केन्द्रीय सरकार और दूसरी राज्यों की सरकारें। शासन की शक्तियाँ दोनों प्रकार की सरकारों में स्पष्टरूप से विभाजित होती है।दोनों सरकारें अपने-अपने क्षेत्राधिकार में स्वतंत्रता पूर्वक कार्य करती हैं। दोनों सरकारों का अपना-अपना शासनतंत्र होता है।जिस प्रकार केन्द्र में कार्यपालिका, व्यवस्थापिका तथा न्यायपालिका होती है उसी प्रकार राज्य सरकारों की भी पृथक-पृथक कार्यपालिका, व्यवस्थापिका तथा न्यायपालिका होती है।[27]

6. उच्च सदन (राज्यसभा) में राज्यों का प्रतिनिधित्व -

केन्द्रीय व्यवस्थापिका (संसद) का उच्च सदन राज्यों का सदन तथा निम्नसदन (लोकसभा) जनता का सदन कहलाता है।अर्थात् राज्यसभा राज्यों का प्रतिनिधि सदन होता है। भारतीय संघ के उच्चसदन में राज्यों को समान प्रतिनिधित्व दिया गया है।प्रत्येक राज्य अपनी जनसंख्या के आधार पर राज्यसभा में अपने प्रतिनिधि भेजता है।राज्यों को प्रतिनिधित्व देने की व्यवस्था संविधान के संघात्मक स्वरूप को दर्शाती है।

7. संविधान संशोधन प्रणाली का संघात्मक स्वरूप होना-

भारतीय संविधान में संशोधन प्रणाली का स्वरूप संघात्मक है। क्योंकि भारतीय संविधान में संशोधन की प्रक्रिया लचीली होने के साथ-साथ कठोर भी है। अर्थात् भारतीय

संविधान कठोरता और लचीलेपन का समन्वय है।संविधान के कुछ अंशों में संशोधन के लिए साधारण बहुमत तथा कुछ अन्य अंशों में सदन के कुल संख्या के बहुमत तथा उपस्थित व मतदान करने वाले सदस्यों के दो-तिहाई बहुमत की आवश्यकता होती है। किन्तु कुछ अंश ऐसे हैं जिसके लिए सदन के बहुमत के साथ-साथ आधे राज्यों के अनु समर्थन की आवश्यकता होती है। प्रथम व द्वितीय श्रेणी के संशोधनों में केन्द्रीय सरकार का नियंत्रण रहता है।परन्तु तृतीय प्रकार के संशोधनों में राज्यों के अनु समर्थन की आवश्यकता होती है। जिससे राज्यों का महत्व बढ़ जाता है।जो संविधान की संघात्मकता का घोतक है। [28]

भारतीय संघ के एकात्मक लक्षण :-

1. इकहरी नागरिकता -

संघात्मक संविधानों में प्रायःदोहरी नागरिकता की व्यवस्था पाई जाती है। जैसे अमेरिका।परंतु भारत में केवल केन्द्र या संघ की ही नागरिकता का ही प्रावधान किया गया है। राज्यों की अपनी कोई नागरिकता नहीं है।भारत की एकता और अखण्डता बनाए रखने की दृष्टि से संविधान में इकहरी नागरिकता की व्यवस्था की गई है।भारतीय नागरिकों को राज्यों की पृथक रूप से नागरिकता का कोई प्रावधान नहीं है। जम्मू-कश्मीर एक अपवाद है।

2. संघ और राज्यों सरकारों के लिए एक ही संविधान -

भारत में संघ और राज्यों के लिए एक ही संविधान है। प्रायःसंघात्मक शासन व्यवस्था में केन्द्र और राज्यों का पृथक-पृथक संविधान होता है। जैसे अमेरिका में संघ और राज्यों का अपना-अपना संविधान होता है।परंतु भारत में केन्द्र और राज्यों का शासन संचालन एक ही संविधान से होता है। भारत में राज्यों के लिए पृथक संविधान की व्यवस्थान हीं है।केन्द्रीय संविधान को ही सभी राज्यों को अनिवार्य रूप से स्वीकार करना होता है। जम्मू-कश्मीर एक अपवाद है, क्योंकि वहाँ भारतीय संविधान के अनुच्छेद 370 के तहत राज्य में पृथक संविधान बनाने का प्रावधान है। (हालां कि सन् 2019 में यह प्रावधान समाप्त कर दिया गया।)

3. संकटकाल में एकात्मक शासन का स्वरूप-

भारतीय संविधान शांति काल अथवा सामान्य काल में तो संघात्मक बना रहता है, परंतु संकट काल के समय एकात्मक संविधान के समान हो जाता हैं। हमारे संविधान में अनुच्छेद 352-360 में संकट काल की घोषणाएं करने का अधिकार राष्ट्रपति (केन्द्र) को प्राप्त है। अनुच्छेद 352 राष्ट्रीय आपात काल, अनुच्छेद 356 राष्ट्रपति शासन और अनुच्छेद 360 में वित्तीय संकट का उल्लेख किया गया है। देश में संकट काल की घोषणा होने पर राज्य स्वायत्तता प्राप्त इकाइयाँ न होकर एकात्मक राज्य या संघ के अंग हो जाते हैं। संसद राज्यसूची के विषयों पर कानून बना सकती है।[29] केन्द्र का राज्यों पर पूर्णनियंत्रण स्थापित हो जाता है और राज्यों की कार्यपालिकाएं केन्द्र के निर्देशन में कार्य करती हैं। राज्यों की स्वतंत्रता संकटकाल में समाप्त हो जाती है।

4.एकीकृत न्यायव्यवस्था -

भारत में न्यायपालिका का संगठन संघात्मक की बजाय एकात्मक है।अर्थात् दोहरी न्यायपालिका का प्रबन्ध करने के स्थान पर संविधान एकीकृत एवं संबद्ध न्यायपालिका की स्थापना की गई है। न्यायपालिका के सर्वोच्च शिखर पर सर्वोच्च न्यायालय है, जिसके आदेशों को सभी न्यायालयों को मानना होता है। दीवानी और फौजदारी कानून पूरे भारत में समानरूप से विद्यमान है।भारत में सर्वोच्च न्यायालय को अन्तिम अपीलीय न्यायालय का अधिकार देना एकात्मकता का लक्षण है।[30]

5. केन्द्रीय सरकार अधिक शक्तिशाली होना-

राज्यों की तुलना में केन्द्र की स्थिति अधिक सुदृढ़ व मजबूत है। केन्द्र सरकार को शक्तिशाली बनाने के पीछे संविधान निर्माताओं के विशेष उद्देश्य थे। केन्द्र सरकार को राज्य सरकार से ज्यादा शक्तियाँ दी गई हैं। उदाहरणार्थ- संविधान द्वारा महत्वपूर्ण विषय संघ सूची में रखे गये, अविशिष्ट शक्तियाँ भी केन्द्र को सौंपी गई, तथा संकटकाल में केन्द्र को राज्यसूची पर भी कानून बनाने का अधिकार दिया गया है, जो केन्द्र को राज्यों से अधिक शक्तिशाली बनाता है। शक्ति-विभाजन भी केन्द्र के पक्ष में किया गया है। जिसके अन्तर्गत केन्द्र संघसूची व समवर्तीसूची दोनों पर कानून बना सकता है।इसके अतिरिक्त संविधान संशोधन की दृष्टि से भी केन्द्र की स्थिति अधिक मजबूत है। वित्त के आधार पर भी केन्द्र की स्थिति राज्यों की तुलना में काफी मजबूत है। देश के आर्थिक संसाधनों पर केन्द्र का अधिक नियंत्रण होता है। वित्त के संबंध में राज्य, केन्द्र सरकार पर निर्भर रहते हैं। अतःकुल मिलाकर केन्द्र सरकार, राज्य सरकारों की अपेक्षा अधिक शक्तिशाली स्थिति में है।

6. राज्यपालों की नियुक्ति का एकात्मक स्वरूप होना-

भारत में राज्यों के राज्यपालों की नियुक्ति राष्ट्रपति द्वारा की जाती है तथा राज्यपाल राष्ट्रपति के प्रसाद-पर्यन्त अपने पद पर बने रहते हैं। राज्यपाल राज्यों की कार्यपालिका का अध्यक्ष होता है।राज्यपाल राज्य में केन्द्र का प्रतिनिधि होता है और राज्यपालों द्वारा केन्द्र सरकार राज्यों में अपना नियंत्रण रखती है।राज्यपाल राज्य के अध्यक्ष और केन्द्र के प्रतिनिधि के रूप में दोहरी भूमिका का निर्वहन करता है।परन्तु राज्यपाल की राष्ट्रपति द्वारा नियुक्त होने के कारण केन्द्र के प्रति झुकाव रहता है।[31]

7. अखिल भारतीय सेवाओं पर केन्द्र का नियंत्रण होना-

भारत में अखिल भारतीय सेवाओं(आईएएस, आईपीएस, आईएफएस) का आयोजन, चयन और प्रशिक्षण तथा नियंत्रण केन्द्र (भर्तीप्रक्रिया) सरकार द्वारा किया जाता है। ये अधिकारी अपनी सेवाएं राज्यों में देते हैं परन्तु इन पदाधिकारियों की स्वामी भक्ति केन्द्र के प्रति रहती है, जो भारतीय संविधान की एकात्मकता को दर्शाता है।[32]

8. संसद को राज्यों के नाम परिवर्तित करने और पुनर्गठित करने की शक्ति -

संविधान के अनुच्छेद 2-3 के अनुसार संसद के अधिनियम द्वारा किसी भी राज्य का नाम बदला जा सकता है, दो या अधिक राज्यों को मिलाकर या उनमें से कोई प्रदेश निकालकर नया राज्य बनाया जा सकता है।किसी भी राज्य की सीमाओं के नाम में परिवर्तन

करने का अधिकार भी संसद को प्राप्त है। जिसके लिए राज्यों के विधान मण्डल की स्वीकृति आवश्यक नहीं है।[33] अर्थात् राज्य केवल अपना मत केन्द्र के समक्ष प्रकट कर सकता है, परन्तु वह केन्द्र की इच्छा का विरोध नहीं कर सकता।राज्यों के पुनर्गठन का अधिकार केन्द्र के पास रहता है। जो एकात्मक व्यवस्था का लक्षण है।

भारतीय संविधान की अन्य विशेषताएं:-

मूलअधिकार, राज्यकेनीति-निर्देशकतत्व, मूलकर्तव्य आदि।[34]

सिद्धान्तः दोनों सरकारें एक-दूसरे के अधिकार क्षेत्र में हस्तक्षेप नहीं कर सकती परन्तु व्यवहार में ऐसा नहीं है।आधुनिक युग में राष्ट्रीय राज्यों की आन्तरिक और बाहरी परिस्थितियों के प्रभाव और दबाव के कारण लगभग सभी परिसंघीय व्यवस्थाएं केन्द्र के पक्ष में अधिक झुकी हुई होती हैं। भारतीय संघवाद केन्द्रीयकृत है, परन्तु फिर भी संघवाद है।भारतीय संविधान पूर्ण रूप से संघात्मक न होकर उसका झुकाव एकात्मकता की ओर अधिक है।भारत का शासन एक केन्द्रीय सरकार द्वारा नही चलाया जाता बल्कि राज्य सरकारें भी इसमें हिस्सेदार है। भारतीय शासन व्यवस्था में संघात्मक शासन के साथ-साथ एकात्मक शासन व्यवस्था के दर्शन भी होते हैं। [35] भारतीय संविधान के विषय में संक्षेप में कहा जा सकता है कि इसका बाहरी स्वरूप संघात्मक है, परन्तु आत्मा एकात्मक है।

[1]डॉ. सजयसिंह- "सिंवधान और मानवाधिकार", ओमेगा पब्लिकेशन्स, नईदिल्ली, 2010, पृ. 73

[2]डॉ. सिंच्चदानन्द मिश्र-"भारतीय प्रजातंत्र की विकास यात्रा", अंकित पब्लिकेशन्स, दिल्ली, 2016, पृ.11

[3]डॉ. पुखराज जैन, डॉ.बी.एल. फड़िया- "भारतीय शासन एवं राजनीति (राज्यों की राजनीति सहित)" साहित्य भवन पब्लिकेशन्स, आगरा, 2006, पृ. 26

[4] एच.सी.शर्मा- "भारत में शासन आरै राजनीति", ओमेगा पब्लिकेशन्स, नईदिल्ली, 2007, पृ. 93-94

[5] Shyamendra Parihar – (Jan, 2016, 03.50. IST) (online web) accessed on 29/7/2018 at 8 PM URL : https;//www.patrika.com/gwaliar-news/why-constitution-enfarced-on 26-january.

[6] डॉ. राजेश गुप्ता-"भारतीय राजनीतिक व्यवस्था और क्षैत्रीय दल", तक्षशिला प्रकाशन, नईदिल्ली, 2012, पृ. 275

[7] डॉ. सुभाष काश्यप, विश्वप् रकाश गुप्त- "राजनीति कोश", हिन्दी माध्यम कार्यान्वय निदेशालय, दिल्ली विश्वविद्यालय, दिल्ली, 1998, पृ. 129

[8] शालिनी वाधवा- "तुलनात्मक शासन और राजनीति", अर्जुन पब्लिशिंग हाउस, नईदिल्ली, 2006, पृ. 6

[9] डॉ. राकेश काला, हरिश्चन्द्र- "भारत का राजनीतिक एवं संवैधानिक इतिहास", कॉलेज बुक डिपो, जयपुर, 2009, पृ. 193

[10] डॉ. गजानन्दसिंह- "संविधान और सरकार", विश्वभारती पब्लिकेशन्स, नईदिल्ली, नईदिल्ली, 2014, पृ. 100

[11] डॉ. महेन्द्रकुमार मिश्रा- "भारतीय शासन एव राजनीति", बाबा पब्लिकेशन, जयपुर, 2012, पृ. 90

[12] नरेन्द्र थोरी- "नेतृत्व, सरकार एवं राजनीति भारतीय संदर्भ", आर.बी.एस.ए. पब्लिशर्स, जयपुर, 2003, पृ. 73-74

[13] विश्वप्रकाश गुप्त, मोहिनी गुप्त- "भारतीय राजनीति विकास और विश्लेषण", राधा प्रकाशंस, नईदिल्ली, 2001, पृ252

[14] ए.एस. नारंग- "भारतीय शासन और राजनीति", गीतांजली पब्लिकेशन हाउस, नईदिल्ली, 2004, पृ. 89

[15] मोहनसिंह- "संसदीय लोकतंत्र सकंट नेहरू युगीन मान्यता", लोक भारती प्रकाशन, इलाहाबाद, 2006, पृ. 218

[16] राजेश चहल- "भारत का संविधान नये संदर्भ", दिव्यम् प्रकाशन, दिल्ली, 2014, पृ. 10

[17] देखिएक्रं. (3) पृ. 26-29

[18] डॉ. आर. के. परूथी- "तुलनात्मक राजनीति", अर्जुन पब्लिशिगं हाउस, नईदिल्ली, 2018, पृ. 304

[19] डॉ. रामकृष्णदत्त शर्मा- "लोकसेवाएं एवं भारतीय संविधान", रितु पब्लिकेशन, जयपुर, 2008, पृ. 103

[20] देखिएक्रमांक (1) पृ. 75

[21] नरेश गोस्वामी- "भारतीय संविधान राष्ट्र की आधारशीला"वाणी प्रकाशन, नईदिल्ली, 2017, पृ. 277

[22] प्रो. धर्मचन्द्र जैन- "भारतीय संविधान : अनुच्छेद356", श्यामप्रकाशन, जयपुर, 2005, पृ. 101

[23] दिलीपसिंह महरोली- "भारतीय राजव्यवस्था", सागर पब्लिशर्स, जयपुर, 2011, पृ. 246

[24] बी.सी.नरूला- "संविधान और सरकार", अर्जुन पब्लिशिंग हाउस, नईदिल्ली, 2009, पृ. 77

[25] डॉ. विप्लव- "भारतीय शासन एवं राजनीति", संदर्भ पब्लिशर्स एड डिस्ट्रीब्यूटर्स, नईदिल्ली, 2010, पृ. 37

[26] डॉ. पूरणमल- "केन्द्र -राज्य संबंध", आविष्कार पब्लिशर्स, जयपुर, 2004, पृ. 6-7

[27] A.S.Kabbur-"centre- state Relations in india perceptions of Non-congress political parties", Trust books Divisions of manak publications. pvt. Ltd, New delhi, 2004, page. 2

[28] देखिए क्रमांक (11) पृ. 94

[29]डॉ.जसवेन्द्र सिंह- "राजनीति, सरकार तथा लाकेतांत्रिक व्यवस्था', आर्या पब्लिकेशसं, नईदिल्ली, 2015, पृ. 130-132

[30]देखिए क्र. (14), संस्करण1988, पृ. 182

[31]देखिए कृमांक (11) पृ. 95-97

[32]बासुकीनाथ चौधरी, युवराजकुमार- "भारतीय शासन आरै राजनीति',ओरियंट ब्लैकस्वॉन, नईदिल्ली, 2011, पृ. 130

[33]बसन्तीलाल बाबले- "भारत का संविधान", सेन्ट्रल लॉ पब्लिकेशन्स, इलाहाबाद, 1993, पृ. 28

[34]डॉ. बालकृष्ण- "भारतीय संविधान के विकास का इतिहास',सुमीत एन्टरप्राजेज, नईदिल्ली, 2008, पृ. 270-271

[35]डॉ. वेददान सुधीर- "भारतीय संविधान और राजनीति',नेशनल पब्लिशिगं हाउस, नईदिल्ली, 2008, पृ. 149

2

भारत में केन्द्र-राज्य संबंध पर एक नजर

केन्द्र-राज्य संबंध :-

केन्द्र-राज्य संबंधों का वर्णन हमें भारतीय संविधान के भाग 11 की 19 धाराओं (अनुच्छेद 245-263) में मिलता है।इसके अतिरिक्त संविधान के अनेक अनुच्छेद ऐसे भी हैं, जो संघ व राज्यों के संबंधों को निर्धारित करते हैं।उदाहरणार्थ संकटकालीन व्यवस्था से संबंधित अनुच्छेद, वे अनुच्छेद जो राज्यसभा की शक्तियों पर प्रतिबंध लगाते हैं, [1] निर्वाचन आयोग, नीति आयोग (पूर्व में योजना आयोग) आदि।केन्द्र और राज्यों के बीच शक्तियां का विभाजन भारतीय संविधान की सातवीं अनुसूची (राज्यसूची, संघसूची और समवर्ती सूची) केअनुसार किया गया है।

भारतीय संविधान के अनुच्छेद 1 में घोषणा की गई है कि 'भारत राज्यों का संघ' होगा। संविधान के भाग 11 में केन्द्र और राज्यों के बीच विधायी और प्रशासनिक संबंधों का उल्लेख किया गया है। भाग 12 में केन्द्र और राज्यों के बीच वित्तीय संबंधों का उल्लेख किया गया है। [2]अधिकांश संविधान विशेषज्ञों का मत है कि राष्ट्रीय महत्व के समझे जाने वाले विषयों को संघ सूची में, राज्यों के महत्व के विषयों को राज्य सूची में, तथा राष्ट्रीय और प्रान्तीय दोनों दृष्टियों से महत्व रखने वाले विषयों को समवर्ती सूची में डाल दिया गया। इसके साथ ही तीनों सूचियां में अनुल्लिखित विषयों को केन्द्र की अपशिष्ट शक्तियाँ माना गया है।[3] भारतीय संविधान में सत्ताधिकारों का विभाजन तीन श्रेणी में हुआ है- विधियी, वित्तीय एवं प्रशासनिक।केन्द्र और राज्यों के मध्य संबंधों का अध्ययन प्रायःइन्हीं तीन क्षेत्रों के अन्तर्गत किया जाता है।[4] न्यायिक शक्तियों का बंटवारा नही किया गया है।

केन्द्र-राज्य संबंध

विधायी संबंध अनुच्छेद 245-255

प्रशासनिक संबंध अनुच्छेद 256-263

वित्तीय संबंध अनुच्छेद 268-293

केन्द्र-राज्य विधायी संबंध :-

केन्द्र एवं राज्यों के विधायी संबंधों का संचालन उन तीन प्रकार की सूचियां के आधार पर होता है जिन्हें संघसूची (Union List), राज्यसूची (State List) व समवर्तीसूची (Concurrent list) का नाम दिया गया है। इन सूचियों को सातवीं अनुसूची में रखा गया है। [5] संविधान के 11 वें भाग में केन्द्र तथा राज्यों के बीच विधायी संबंधों का उल्लेख किया गया है।संविधान के अनुच्छेद 245 में उपबंधित है, कि इन संविधान के उपबंधों के अधीन रहते हुए संसद भारत के अधीन रहते हुए संसद भारत के संपूर्ण राज्य क्षेत्र अथवा उसके किसी राज्य का विधानमंडल उस संपूर्ण राज्य अथवा उसके किसी भाग के लिए कानून बना सकेगा।इसी प्रकार अनुच्छेद 246 उन विषयों का उल्लेख करता है जिन पर केन्द्र तथा राज्य सरकारें विधि निर्माण का अधिकार रखती है।इस अनुच्छेद के अनुसार संविधान की सातवीं अनुसूची में संघसूची, राज्यसूची तथा समवर्ती सूची में विषयों का वर्गीकरण किया गया है। यह व्यवस्था संविधान में भारतीय शासन अधिनियम 1935 से ली गयी है।[6]

विधायी संबंधों की विशेषताएं-

केन्द्र के प्रति अधिक झुकाव।

संसद की प्रमुखता तथा केन्द्र-सरकार की नियंत्रणकारी शक्ति।

राष्ट्रीय कार्यपालिका का नियंत्रण होना।

विधायी संबंधों का उल्लेख अनुच्छेद 245 से अनुच्छेद 255 तक में किया गया है।

अनुच्छेद 245 :-संसद द्वारा सम्पूर्ण देश व राज्यों के विधान मण्डलों द्वारा राज्य के लिए कानून बनाने की शक्ति।

अनुच्छेद 246 :- संसद को सातवीं अनुसूची की संघसूची के विषयों पर विधि बनाने की शक्ति।

अनुच्छेद 247 :-केन्द्र को अतिरिक्त न्यायालयों की स्थापना का उपबंध करने की शक्तियाँ प्राप्त है।[7]

अनुच्छेद 248 में अवशिष्ट शक्तियों का उल्लेख है। जिस पर केन्द्र कानून बना सकती है।

अनुच्छेद249   :-
राज्यसूचीकेविषयकेसंबंधमेंराष्ट्रीयहितमेंविधिबनानेकीशक्तिसंसदकेपास।

अनुच्छेद 250 :-आपातकाल की उद्घोषणा प्रवर्तन में होने पर राज्यसूची के विषय के संबंध में विधि बनाने की संसद की शक्ति।

अनुच्छेद 351-संसद द्वारा अनुच्छेद 249 और अनुच्छेद 250 के अधीन बनायी गई विधियों और राज्यों के विधानमण्डलों द्वारा बनायी गई विधियों में असंगति।

अनुच्छेद 252 :- दो या अधिक राज्यों के लिए उनकी सहमति से विधि बनाने की संसद की शक्ति।

अनुच्छेद 253 :- संघ को किसी दूसरे देश के साथ की गई संधि समझौते या निर्णय को लागू करने हेतु राज्य सूची पर विधि बनाने के अधिकार है।[8]

संघीय सूची -

इस सूची के अन्तर्गत राष्ट्रीय महत्व के विषयों को रखा गया है।इनका संबंध संपूर्ण देश में एक ही प्रकार की नीतियों के अनुसरण करने से होता है। इस सूची में कुल 97 विषय हैं, जिन पर केवल केन्द्र सरकार को कानून बनाने का अधिकार प्राप्त है।इनमें प्रमुख रूप से निम्नलिखित विषय सम्मिलित किए गए हैं- रक्षा, वैदेशिक मामले, युद्ध व संधि, देशीकरण व नागरिकता, विदेशियों का आना जाना, रेलें, बन्दरगाह, हवाईमार्ग, डाकतार टेलीफोन व बैतार, मुद्रा, निर्माण, बैंक, सीमा, खाने व खनिज पदार्थ [9], प्रतिरक्षा, परमाणुऊर्जा, पेटेंट, जहाजरानी, विदेशीऋण, संयुक्तराष्ट्र संघ, प्रत्यर्पण, जनगणना, संघ-राज्यों की लेखाओं की संपरीथा[10], अन्तर्राज्यीय व्यापार एवं वाणिज्य, निगमन एवं उसका विनियमन, विनियमन-पत्र, बीमा और शेयर, तौल तथा अन्य मापों व प्रतिमान निर्धारण करना, उद्योग नियंत्रण, तेल संसाधन, राष्ट्रीय संग्रहालयों का प्रारक्षण, संघ लोकसेवाएं, निर्वाचन, उच्च व सर्वोच्च न्यायालय, सीमाशुल्क, निर्यातशुल्क निगमकर, उत्पादशुल्क, सम्पदाशुल्क, आदि हैं।[11]ये सभी विषय राष्ट्रीय महत्व के हैं।जिन पर समान कानून होना आवश्यक है। इन पर केन्द्र सरकार को कानून बनाने का पूर्ण अधिकार प्राप्त है।

राज्यसूची -

राज्यसूची में प्रायःउन्हीं विषयों को सम्मिलित किया गया है, जो कि राष्ट्रीय महत्व के न होकर क्षेत्रीय महत्व के हैं।राज्यसूची में कुल 66 विषयों का उल्लेख है। जिन पर कानून बनाने का अधिकार राज्य को प्राप्त है। [12] परन्तु किसी विशेष स्थिति में राज्यसूची के किसी भी विषय को राष्ट्रीय महत्व का बताकर उसे विशेष संवैधानिक प्रावधान के तहत उस विषय को समवर्ती सूची में रखा जा सकता है। भारतीय संविधान की यह व्यवस्था इसके संघीय स्वरूप को एकात्मक स्वरूप में बदल देती है।[13]

राज्यसूची में प्रमुख रूप से निम्नलिखित विषय शामिल हैं- सार्वजनिक व्यवस्था, पुलिस, न्यायप्रशासन, जेल तथा सुधारालय, स्थानीयशासन, सार्वजनिक स्वास्थ्य एवं स्वच्छता, मादक, पेय, शमशान एवं कब्रिस्तान, राज्य द्वारा नियंत्रित पुस्तकालय तथा संग्रहालय, राज्य के भीतर के संचार साधन, कृषि, पशुपालन, जलसम्भरण, सिंचाई, भूमि अधिकार, मत्स्य क्षेत्र, राज्य के अन्तर्गत वाणिज्य एवं व्यापार, मण्डियाँ और मेले, साहूकार, थियेटर, प्रणक्रिया (betting) तथा जुआ, स्थानीय निर्वाचन, विधानमण्डलों के विशेषाधिकार, सभी राज्यअधिकारियों के वेतनभत्तों, राज्य लोक सेवाएं, निर्वात निधि (ट्रेजरट्रोव), भू-राजस्व, भूमि तथा भवनकर,उत्तराधिकार-शुल्क, राज्य में उत्पन्न अफीम तथा मादक द्रवों पर उत्पादशुल्क, विद्युतकर, वाहनकर, समाचार पत्रों को छोड़कर अन्यवस्तुओं पर बिक्रीकर, चुंगी (टोल), भोग-विलास की वस्तुओं पर कर, प्रतिव्यक्तिकर

आदि।राज्यसूची में शामिल हैं। इसमें कुल 61 विषय हैं, जिन पर राज्य विधान-मंडल को स्थानीक शक्ति प्राप्त है।[14] उक्त विषय राज्यस्तरीय महत्व के हैं। अतःइन पर विधि बनाने का अधिकार राज्य की व्यवस्थापिका को सौंपा गया है।

समवर्तीसूची -

औपचारिक और कानूनी दृष्टि से इन तीनों सूचियों के विषयों की संख्या निश्चित नही है, जो मूल संविधान में थी। 42 वें संवैधानिक संशोधन (1976) द्वारा राज्यसूची के चार विषय (शिक्षा, वन, जंगली जानवर तथा पक्षियों की रक्षा और नाप-तौल) समवर्तीसूची में कर दिये गये हैं। तथा समवर्तीसूची में एक नया विषय जनसंख्या नियंत्रण और परिवार-नियोजन जोड़ागया।अब समवर्तीसूची में 52 विषय हैं। लेकिन संवैधानिक दृष्टि से 47 विषय माने जाते हैं।इस सूची के विषयों पर संघ तथा राज्य सरकार द्वारा निर्मित कानून परस्पर विरोधी हो तो सामान्यतःसंघ का कानून मान्य होगा।

समवर्ती सूची में निम्नविषयों को शामिल किया गया हैं- राज्य की सुरक्षा के लिए अवरोध, विवाह तथा तलाक, कृषिभूमि से भिन्न सम्पत्ति का अन्तरण, ठेके, दिवाला तथा शोधअक्षमता, न्यास और न्यासधारी (ट्रस्ट एण्ड ट्रस्टलैस), व्यवहार प्रक्रिया, न्यायालय का अवमान, खाद्य पदार्थों में मिलावट, औषधियाँ तथा विष, आर्थिक तथा सामाजिक सुरक्षा, श्रमिकों का कल्याण, आर्थिक व सामाजिक योजनाएं बनाना, वाणिज्यिक तथा औद्योगिक एकाधिकार, विधिवृति, चिकित्सावृति, जीवन मरण के आंकडे; कई विशिष्ट वस्तुओं में व्यापार एवं वाणिज्य, आवारा गर्दी, पागलपन तथा मनोविकल्प, मूल्यनियंत्रण, समाचारपत्र, पुस्तकों और मुद्रणालय शुल्क, स्टाम्पशुल्क, कारखाने, श्रमिक संघ इत्यादि।[15] समवर्तीसूची में सम्मिलित विषयों का संबंध या महत्व राष्ट्रीय व राज्यीय दोनों स्तरों पर है।

अवशेष विषय -

ऐसे विषय जिनका उल्लेख तीनों सूचियां में नहीं किया गया है।भारतीय संविधान की तीनों सूचियों में गिनाए गये विषयों के अतिरिक्त जिन विषयों पर यदि विधि बनाना हो, तो उन पर संसद को कानून बनाने की अनन्य शक्ति प्राप्त है।[16] संविधान के अनुच्छेद 248 में अवशिष्ट विधायी शक्तियों की व्यवस्था की गई है।[17]

उपरोक्त केन्द्र-राज्य विधायी संबंधों के अध्ययन से स्पष्ट होता है कि संघ व राज्यों के बीच विधायी शक्तियों के वितरण में न केवल संघ को महत्व दिया गया है अपितु संघ और राज्यों के कानूनों के बीच विवाद के मामलों में संघ की सर्वोच्चता को स्पष्टरूप से स्वीकार किया गया है। [18] संघसूची में महत्वपूर्ण विषय रखे गये हैं।इसके अतिरिक्त आपातकाल में केन्द्र सरकार को राज्यसूची के विषयों पर विधि निर्माण का अधिकार प्राप्त हो जाता है।समवर्तीसूची के विषयों पर विधि निर्माण में केन्द्र को प्राथमिकता प्राप्त है। साथ ही अवशिष्ट शक्तियाँ भी केन्द्र को प्रदान की गई है।

केन्द्र-राज्य प्रशासनिक संबंध :-

भारतीय संघ व्यवस्था में प्रशासनिक एकरूपता पर बल दिया गया है।इसके लिए अखिल भारतीय प्रशासनिक और पुलिस सेवाओं का प्रावधान किया गया है। भारत के नियंत्रक-महा लेखापरीक्षक के अधीन भारत की लेखापरीक्षा तथा लेखासेवा का आयोजन है, जो एक केन्द्रीय सेवा है, किन्तु यह केन्द्र के साथ-साथ राज्यों के व्यय का लेखा तथा परीक्षा कार्य भी सम्पन्न करती है।निर्वाचन आयोग की नियुक्ति राष्ट्रपति द्वारा की जाती है।केन्द्रीय सरकार के पास समन्वयकारी शक्तियाँ हैं और क्षेत्रीय परिषदों के माध्यम से केन्द्र, राज्य सरकारों की शक्तियों पर नियंत्रण बनाए रखती है।संघात्मक शासन व्यवस्था में दोहरी सरकारों का अस्तित्व होने के कारण केन्द्र व राज्य सरकारों में प्रशासनिक तालमेल होना आवश्यक हो जाता है।संविधान के अनुसार संघ सरकार को राज्य सरकार पर प्रशासनिक नियंत्रण की शक्ति प्राप्त है।[19] केन्द्र सरकार की प्रशासनिक शक्तियाँ उन विषयों तक सीमित है, जिन पर संसद को कानून बनाने का अधिकार है। राज्यों की प्रशासनिक शक्ति उन विषयों तक सीमित है, जिन विषयों पर राज्य का विधान मण्डल कानून का निर्माण करता है।प्रशासनिक नियंत्रण की सीमा में रहकर राज्य अपनी कार्यपालिका शक्ति का प्रयोग करता है। संघ कार्यपालिका राज्यों की कार्यपालिकाओं को निर्देशित करने में सक्षम है।[20] संविधान के भाग 11 के द्वितीय अध्याय में अनुच्छेद 256-263 तक केन्द्र व राज्य के प्रशासनिक संबंधों की व्यवस्था की गई है।अनुच्छेद 73 में केन्द्र की प्रशासनिक शक्ति सीमित है, तो अनुच्छेद 162 में राज्य क्षेत्र की शक्तियाँ सीमित हैं।[21]

राज्य सरकारों को केन्द्र द्वारा निर्देशन -

संविधान के अनुच्छेद 256 के अनुसार राज्यों की सरकारों से अपेक्षा की जाती है कि वे अपनी शक्ति का प्रयोग इस प्रकार करें कि जिससे संसद के अधिनियमों या विधियों में कोई विरोध उत्पन्न न हो। अनुच्छेद 257 के द्वारा राज्यों को यह आदेश दिया गया है कि वे अपनी कार्यपालिका शक्ति का प्रयोग इस प्रकार करें कि केन्द्रीयकार्यपालिका के मार्ग में बाधा उत्पन्न न हो।

केन्द्र के द्वारा राज्य सरकारों को कार्य सौंपा जाना-

राष्ट्रपति राज्य सरकारों की अनुमति से केन्द्रीय कार्यपालिका के क्षेत्र में आने वाले कुछ कार्यों को राज्य सरकारों को या उसके कर्मचारियों को सौंप सकता है।यदि राज्यों की सरकारें या उसके अधिकारी उसे पूरा न करें तब राष्ट्रपति को यह अधिकार है कि वह संकट काल की घोषणा कर के राज्यशासन को अपने हाथ में ले लें।केन्द्रीय सरकार राष्ट्रीय महत्व के तथा सैनिक महत्व के संचार साधनों, सड़कों आदि की देखभाल का कार्य राज्यसरकारों को सौंप सकती है।[22]

अन्तर्राज्यीय नदी जल विवाद के संबंध में -

भारत में कई नदियाँ एक से अधिक राज्यों से होकर गुजरती हैं। इन नदियों के जल को लेकर राज्यों में कई बार विवाद होते रहते हैं।अनुच्छेद 262 के अनुसार संसद को इन विवादों के समाधान के लिए विधि बनाने का अधिकार प्राप्त है।

अखिल भारतीय सेवाओं के संबंध में-

भारतीय संविधान में संघ और राज्यों के लिए अलग-अलग लोक सेवाओं की व्यवस्था की गई है। अनुच्छेद 312 के अन्तर्गत अखिल भारतीय सेवाओं की भर्ती, प्रशिक्षण और नियुक्ति केन्द्र द्वारा की जाती है, किन्तु उसके अधिकारी अधिकांशतः राज्य स्तर पर कार्य करते हैं। [23]अनुच्छेद 312 के अनुसार राज्यसभा दो तिहाई बहुमत द्वारा प्रस्ताव पारित करके अखिल भारतीय लोकसेवा की भर्ती तथा पद आदि से संबंधित नियम बना सकती है।[24]

अन्तर्राज्यीय परिषद -

अनुच्छेद 263 के तहत राज्यों में पारस्परिक सहयोग तथा सद्भावना की अभिवृद्धि के लिए विवादों का समाधान करने के लिए राष्ट्रपति एक अन्तर्राज्यीय परिषद की स्थापना कर सकता है।

राज्यों को निर्देश देना-

संपूर्ण भारत में संघ की ओर से राज्यों की सार्वजनिक क्रियाओं, अभि लेखाओं तथा न्यायिक कार्य को मान्यता प्राप्त है।राज्यों को केन्द्र द्वारा दिए गए निर्देशों को मानना अनिवार्य है।राज्य द्वारा केन्द्र के निर्देशों की अवहेलना करने पर केन्द्र सरकार राज्य में हस्तक्षेप कर सकती है।[25] अनुच्छेद 365 में कहा गया है कि अगर कोई राज्य केन्द्र सरकार के वैध प्रशासनिक आदेशों के परिपालन में असफल होती है तो राष्ट्रपति यह मान सकता है कि राज्य की वैधानिक व्यवस्था में गड़बड़ हो गई है और ऐसी स्थिति में राष्ट्रपति शासन लगाया जा सकता है।

राष्ट्रपति शासन -

अनुच्छेद 356 केन्द्र को किसी राज्य सरकार को बर्खास्त करने और राष्ट्रपति शासन लगाने की अनुमति उस अवस्था में देता है, जब राज्य का संवैधानिक तंत्र विफल हो जाता है।

आपातकालीन या संकटकालीन परिस्थितियां के संबंध में उपबंध -

आपातकाल के दौरान केन्द्र अधिक शक्तिशाली हो जाती है।तथा संसद को राज्यसूची में समाविष्ट सभी विषयों पर कानून बनाने का अधिकार मिल जाता है। [26] आपातकालीन परिस्थितियों में राज्य सरकारें पूर्णरूप से केन्द्रीय सरकार के अधीन कार्य करती हैं। आपातकालीन स्थिति में केन्द्र को राज्यों पर कई अधिभूत अधिकार प्राप्त हो जाते है। अनुच्छेद 352-360 [27] के अन्तर्गत आपातकाल का प्रावधान है। अनुच्छेद 352 राष्ट्रीय आपात, अनुच्छेद 356 राष्ट्रीय शासन, अनुच्छेद 360 वित्तीय आपात का प्रावधान किया गया है।

केन्द्र-राज्य वित्तीय संबंध :-

संघ व्यवस्था में केन्द्र व राज्यों में विधायी शक्तियों के साथ-साथ वित्तीय शक्तियों का भी बंटवारा आवश्यक है।भारतीय संविधान के भाग 12 के अनुच्छेद 268-293 तक केन्द्र-

राज्य वित्तीय संबंधों का उल्लेख किया गया है। [28] अनुच्छेद 280 के अनुसार वित्त आयोग के गठन की व्यवस्था की गई है, जिसमें राष्ट्रपति द्वारा नियुक्त एक अध्यक्ष और चार अन्य सदस्य होते हैं।[29] वित्त आयोग समय-समय पर केन्द्र तथा राज्यों के मध्य वित्तीय साधनों के विभाजन हेतु राष्ट्रपति को परामर्श व सुझाव प्रस्तुत करता है।

केन्द्र सरकार के आय के साधन या स्रोत-

केन्द्र सरकार के आय के साधनों में- कृषि आय के अतिरिक्त अन्य आयपर कर, कस्टम, निर्यात और आयकर, निगमकर, सीमाशुल्क, सम्पदाशुल्क विदेशीऋण, संघ सरकार की संपत्ति, रिजर्वबैंक, शेयरबाजार, रेल या समुद्र और वायु द्वारा ले जाने वाली वस्तुओं पर कर, विनिमयपत्र, वहनपत्र, वचनपत्रों आदि पर कर, संचार साधन आदि प्रमुख है।

राज्यों की आय के प्रमुख साधन या स्रोत-

इसके अन्तर्गत कृषिआय पर कर, भूमि तथा भवनकर, सम्पदाकर, बिजली के उपयोग तथा विक्रय पर कर, शराब, अफीम, भांग तथा अन्य मादक पदार्थों पर कर, सड़कों तथा अन्तर्देशीय पथों या जलपथों के द्वारा ले जाये जाने वाले माल तथा वस्तुओं पर कर, चुंगीकर, पशुओं की ब्रिकी पर कर आदि आते हैं।[30]

कर निर्धारण, वितरण और करों से प्राप्त आय का विभाजन -

भारतीय संविधान में वित्तीय प्रावधानों की दो विशेषताएं हैं।प्रथम संघ व राज्यों के मध्य कर निर्धारण की शक्ति का पूर्ण विभाजन कर दिया गया है और द्विवतीय करों से प्राप्त आयका बंटवारा होता है।

संघ द्वारा आरोपित व संग्रहित व विनियोजित किये जाने वाले शुल्कों के उदाहरण हैं- बिल, विनियमों प्रोमेजरी नोटो, हुण्डियां, चेकों आदि पर अनुदान शुल्क और दवा, मादक द्रव्य पर कर, शौकश्रृंगार की चीजों पर कर तथा उत्पादन शुल्क। संघ द्वारा आरोपित तथा संग्रहित किन्तु राज्यों को सौंपे जाने वाले करों के उदाहरण हैं- कृषिभूमि के अतिरिक्त अन्य सम्पत्ति के उत्तराधिकार पर कर तथा संपदा शुल्क, रेल, समुद्र, वायुमार्ग द्वारा ले जाने वाले माल तथा यात्रियों पर सीमान्त कर, रेलभाड़े तथा वस्तु भाड़े पर कर, शेयर बाजार तथा सट्टा बाजार आदान-प्रदान पर कर, मुद्रा शुल्क के अतिरिक्त समाचार पत्रों से अन्य अन्तर्राष्ट्रीय व्यापार तथा वाणिज्य के माल के क्रय-विक्रय पर कतिपय कर। संघ द्वारा आरोपित तथा संग्रहित किये जाते हैं, पर उनका विभाजन संघ तथा राज्यों के बीच होता है। आयकर का विभाजन संघीय भू-भागों के लिए निर्धारित निधि तथा संघीय खर्च को काटकर शेष राशि में से किया जाता है।[31]

सहायता अनुदान तथा अन्य सार्वजनिक उद्देश्य के लिए दिया जाने वाला अनुदान -

संविधान के अनुसार केन्द्र द्वारा राज्यों को चार तरह के सहायक अनुदान प्रदान करने की व्यवस्था की गई है।प्रथम पटसन व उससे बनी वस्तुओं के निर्यात से जो शुल्क प्राप्त होता है, उसमें से कुछ भाग अनुदान के रूप में जूट पैदा करने वाले राज्यों- बिहार, पं.बंगाल, असम, व उड़ीसा को दे दिया जाता है। द्विवतीय बाढ़, भूकम्प व सूखाग्रस्त क्षेत्रों में पीड़ितों

की सहायता के लिए भी केन्द्रीय सरकार राज्यों को अनुदान दे सकती है। तृतीय जनजाति व कबीलों की उन्नति व उसके कल्याण की योजनाओं के लिए भी सहायक अनुदान दिया जाता है।चतुर्थ राज्यों को आर्थिक कठिनाइयों से उबारने के लिए केन्द्र राज्यों को वित्तीय सहायता प्रदान कर सकती है।[32]

राज्यों को ऋण देने संबंधी उपबंध -

संविधान द्वारा केन्द्र को अपनी संचित निधि की साख पर देशवासियों व विदेशी सरकारों से ऋण लेने का अधिकार प्राप्त है।ऋण लेने का अधिकार राज्य सरकार को भी है, परन्तु राज्य विदेशों से उधार नहीं ले सकते।यदि किसी राज्य सरकार पर संघ सरकार का कोई कर्ज बकाया है, तो राज्य सरकार अन्य कर्ज संघ की अनुमति से ही ले सकती है।इस प्रकार कर्ज देते समय संघ सरकार राज्यों पर किसी भी प्रकार की शर्त लगा सकती है।

करों से केन्द्र व राज्यों को विमुक्ति -

राज्यों द्वारा संघ की सम्पत्ति पर तब तक कोई कर नही लगाया जा सकता जब तक संसद विधि द्वारा कोई प्रावधान न कर दे।भारत सरकार अथवा रेलवे द्वारा प्रयुक्त बिजली पर संसद की अनुमति के बिना राज्य किसी प्रकार का शुल्क नही लगा सकते हैं।तथा संघ सरकार भी राज्य की सम्पत्ति और आयपर कर नही लगा सकती।

वित्तीय संकटकाल -

अनुच्छेद 360 के तहत वित्तीय संकट काल की घोषणा की स्थिति में राज्यों की आय का स्त्रोत केवल राज्य में चर्चित करों तक ही सीमित रहता है, वित्तीय संकट के प्रवर्तन काल में राष्ट्रपति को संविधान के उन सभी प्रावधानों को स्थगित करने का अधिकार है जो सहायता अनुदान अथवा संघ के करों की आय में बंटवारे से संबंधित हो। केन्द्र सरकार वित्तीय मामलों में राज्य सरकारों को निर्देश दे सकती है।[33]

भारत के नियंत्रक महालेखा परीक्षक द्वारा नियंत्रण (148) -

भारत के नियंत्रक एवं महालेखा परीक्षक की नियुक्ति केन्द्रीय मंत्रिमण्डल के परामर्श से राष्ट्रपति करता है। वह दोनों सरकारों (भारत सरकार तथा राज्य सरकारों) के हिसाब का लेखा रखने के ढंग और उनकी निष्पक्ष रूप से जांच करता है।नियंत्रक तथा महालेखा परीक्षक के द्वारा भारतीय संसद राज्यों की आय पर अपना नियन्त्रण रखती है।[34]

संघीय शासन व्यवस्था में वित्तीय स्त्रोतों के बंटवारे को लेकर संघ व राज्यों में विवाद व तनाव की स्थिति निर्मित होना कोई अस्वाभाविक बात नही है। वित्तीय अधिकारों के आधार पर केन्द्र व राज्यों में टकराव होजाना स्वाभाविक बात है।भारतीय संघीय प्रणाली के अन्तर्गत वित्त के विषय में केन्द्र, राज्यों की तुलना में अधिक सक्षम है।राज्यों को अपनी आर्थिक आवश्यकताओं के लिए केन्द्र सरकार पर निर्भर रहना पड़ता है। निष्कर्ष के रूप में हम कह सकते हैं, कि केन्द्रीय सरकार राज्य सरकारों की अपेक्षा वित्तीय क्षेत्र में अधिक शक्तिशाली है। प्रो. एम.वी. पायली के शब्दों में''वर्तमान स्थिति में राज्यों के पास सीमित साधन हैं और अपनी अधिकांश विकास योजना के लिए उन्हें केन्द्र की सहायता की

आवश्यकता रहती है।इसलिए उन्हें केन्द्र का नेतृत्व स्वीकार करना पड़ता है। कभी-कभी केन्द्र के आदेशों के आगे झुकना भी पड़ता है।"[35] केन्द्र-राज्य संबंधों के विषय में कहा जा सकता है कि राज्यों की अपेक्षा केन्द्र की स्थिति अधिक सुदृढ़ है।

केन्द्र और राज्यों के बीच टकराव या तनाव के कारण :-

वर्तमान समय में केन्द्र-राज्य संबंधों को लेकर समय-समय पर कई विवाद तथा समस्याएं सामने आती रहती हैं। कभी-कभी ये समस्याएं गंभीर रूप भी ले लेती हैं।संविधान के कुछ अनुच्छेद और अन्य संवैधानिक प्रावधानों को लेकर संबंधों में विवाद व तनाव उत्पन्न होता रहता है। जो इस प्रकार है-

राज्यपाल के पद से संबंधित विवाद-

केन्द्र और राज्यों के बीच टकराव का मुख्य मुद्दा राज्यपाल का पद व भूमि का का रहा है।केन्द्र ने राज्यपालों की नियुक्ति या स्थानान्तरण में संवैधानिक भावनाओं का आदर नही किया नही निष्पक्ष और स्वतंत्र परम्पराओं का विकास किया।केन्द्र द्वारा राज्यपालों का इस्तेमाल पक्षपातपूर्ण और संवैधानिक नैतिकता के विपरीत किया। राज्यपालों पर केन्द्र के एजेन्ट, दलाल व खलनायक होने जैसे गंभीर आरोप भी लगाये जाते रहे हैं। राज्यपालों से जुड़े कई विवाद समय-समय पर उभर कर सामने आए।जिसके कारण केन्द्र तथा राज्यों के संबंधों पर प्रतिकूल प्रभाव पड़ा।

राज्यों में राष्ट्रपति शासन या अनुच्छेद 356 को लेकर विवाद-

केन्द्र में सत्ताधारी पार्टी ने राज्यपालों के माध्यम से अनुच्छेद 356 का कई बार गलत प्रयोग किया। संविधान निर्माताओं को आशा थी, कि अनुच्छेद 356 का इस्तेमाल तभी होगा जब कोई दूसरा रास्ता न रह गया हो, परन्तु इस अनुच्छेद 356 का इस्तेमाल मन माने ढंग से किया गया। भारतीय संविधान में अनुच्छेद 356 का जितना अधिक दुरुपयोग हुआ, उतना किसी और अनुच्छेद का नही किया गया।

(3) वित्तीय साधनों एवं औद्योगिक गतिविधियां पर केन्द्रीय नियंत्रण से उत्पन्न तनाव-

राज्यों की तुलना में केन्द्र के पास वित्तीय स्रोत अधिक है।अतःकेन्द्र के विरुद्ध राज्यों की यह शिकायत रही है कि केन्द्र ने राज्यों के अधिकतर आर्थिक साधनों पर कब्जा कर लिया है।केन्द्र ने प्रशासनिक और कानूनी तरीके से ज्यादा आर्थिक अधिकार अपने हाथों में ले लिए हैं, जिस से राज्यों के जायज अधिकार छिन जाते हैं।[36]

अखिल भारतीय सेवाओं का पक्षपातपूर्ण इस्तेमाल से उत्पन्न तनाव-

अखिल भारतीय सेवाओं के द्वारा केन्द्र राज्यों पर नियंत्रण कायम रखती है।इन अधिकारियों की नियुक्ति और अनुशासनात्मक कार्यवाहियों के मामले पर राज्य सरकारें, केन्द्रीय सरकार पर ही निर्भर रहती हैं और राज्यों में उनके प्रति अपनत्व की भावना नही दिखायी देती। [37]अतः केन्द्र द्वारा इन अधिकारियों को लेकर पक्षपातपूर्ण इस्तेमाल किए जाने की संभावना रहती है।

वित्तीय संसाधनों से संबंधित विवाद -

प्रचलित व्यवस्था में करों से प्राप्त आय का मुख्य भाग केन्द्र सरकार को प्राप्त होता है। राज्य अपनी योजनाओं के क्रियान्वयन के लिए केन्द्रीय अनुदान पर निर्भर हो जाते है। राज्यों को केन्द्र से प्राप्त सहायता व अनुदान बहुत कम होता है। [38]

अन्तर्राज्यीय व्यापार के संबंध में तनाव -

संविधान के अनुसार अन्तर्राज्यीय व्यापार संबंधी कार्य केन्द्र को सौंपे गए हैं।केन्द्र सरकार अन्तर्राज्यीय व्यापार में समन्वय हेतु हस्तक्षेप करती है। जिसके चलते राज्य, केन्द्र से नाराज हो जाते हैं और केन्द्र-राज्य विवाद उभरकर सामने आते हैं। [39]

इसके अतिरिक्त केन्द्र-राज्य संबंधों में तनाव के कारण राज्यों की अधिक स्वायत्तता की मांग, पृथक राज्यों की मांग, शक्तियों के वितरण में केन्द्र की शक्तिशाली स्थिति होना, राज्यसूची के विषयों पर केन्द्र का हस्तक्षेप, दलीय हित कानून व्यवस्था के मामलों में राज्यों को केन्द्रीय निर्देश आदि है।

केन्द्र-राज्य संबंधों में तनाव व विवादों को सुलझाने हेतु समय-समय पर अनेक समितियों और आयोगों का गठन किया गया जिनमें प्रमुख हैं-

सरकारिया आयोग -

रणजीत सिंह सरकारिया की अध्यक्षता में 24 मार्च, 1983 को केन्द्र-राज्य संबंधों के अध्ययन के लिए सरकारिया आयोग का गठन किया गया था। आयोग ने 265 सिफारिशें पेश की थी। यह रिपोर्ट 1600 पृष्ठों में थी।[40]

प्रमुख सिफारिशें-

- रिपोर्ट में कहा गया कि हमारे संविधान का सबसे अधिक सशक्तस्वरूप संघीय है, जिसमें एक सुदृढ़ केन्द्र होना चाहिए।साथ ही समिति ने एकात्मक राज्य के आधार पर संविधान तैयार करने का विचार नियम विरूद्ध बताया। क्योंकि यह राजनीतिक और प्रशासनिक दोनों रूपों में हानिकर प्रयास होगा।[41]
- अनुच्छेद 356 के तहत राज्यपाल के माध्यम से राज्यों में राष्ट्रपति शासन का प्रयोग अन्तिम विकल्प के तौर पर करना चाहिए।[42]
- यदि संघ सरकार ने राज्य कार्यपालिका के लिए आरक्षित किए गए किसी क्षेत्र में ऐसी कार्यकारी शक्ति के प्रयोग के बारे में निर्देश देने का दावा किया जो अधिकार संघ की कार्यकारी शक्ति के प्रयोग में बाधा या प्रतिकूल प्रभाव न डालते हों, तो ऐसा निर्देश अवैध होगा।[43]
- केन्द्र द्वारा राज्यों को ऋण देने संबंधी प्रावधानों पर विचार करना चाहिए संघ के राजस्व स्रोत के उपयोग में राज्यों की भागीदारी होनी चाहिए। [44]
- अनुच्छेद 263 के अनुसार अन्तर्राज्यीय परिषद का गठन किया जाये जिसमें राज्यों के मुख्यमंत्री भी शामिल हो।

- राज्यों में केन्द्रीय रक्षाबलों की तैनाती के मामले में केन्द्र को पूर्ण अधिकार प्राप्त होना चाहिए।
- निगमकर का राज्यों के साथ बंटवारा होना चाहिए।
- राज्यपाल की नियुक्ति के संबंध में संबंधित राज्य के मुख्यमंत्री से परामर्श किया जाना चाहिए।
- योजना आयोग (वर्तमान का नीति आयोग) केन्द्रीय सहायता प्राप्त स्कीमों की समय-समय पर समीक्षा करे और यह समीक्षा राष्ट्रीय विकास परिषद के समक्ष की जाए।
- योजना आयोग (नीति आयोग) राष्ट्रीय विकास परिषद में सुधार किये जाए तथा इन्हें प्रभावी बनाया जाए।
- राष्ट्रपति की मंजूरी के लिए आरक्षित राज्य सरकारों के विधेयकों पर चार माह के भीतर निर्णय कर दिया जाना चाहिए।[45]

राजमन्नार समिति –

तमिलनाडू सरकार ने 22 सितम्बर 1969 को डॉ. पी.वी राजमन्नार की अध्यक्षता में राज्यों को अधिक स्वायत्तता प्रदान करने के लिए सुझाव देने हेतु राजमन्नार समिति गठित की गई थी। [46]समिति ने 1971 के केन्द्र-राज्य संबंधों की पुर्नसंरचना हेतु निम्नलिखित प्रमुख सुझाव दिए है-

- एक अन्तर्राज्यीय परिषद स्थापित की जाए जिसका अध्यक्ष प्रधानमंत्री हो तथा राज्यों के मुख्यमंत्री या उसके नामित व्यक्ति इसके सदस्य हों। प्रतिरक्षा व वैदेशिक संबंधों के अलावा सभी विषयों पर जिनका प्रभाव राज्यों पर पड़ता हो उन पर अन्तर्राज्यीय परिषद से परामर्श लिया जाए।
- योजना आयोग को भंगकर के उसके स्थान पर एक संविधानिक निकाय नियुक्त किया जाये।राज्यसभा में सभी राज्यों को समान प्रतिनिधित्व दिया जाना चाहिए तथा अंग्रेजी को लिंक भाषा के रूप में मान्यता दी जाए।
- आपातकालीन अनुच्छेद जैसे 356, 357 तथा 360 संविधान से निकाल दिये जाने चाहिए।
- वित्त आयोग स्थायी आधार पर स्थापित किया जाये तथा राज्यों को पहले की अपेक्षा अधिक करों का वितरण किया जाए ताकि केन्द्र पर उनकी निर्भरता कम हो।
- राष्ट्रपति द्वारा राज्यपाल की नियुक्ति राज्यमंत्री मण्डल के परामर्श से की जानी चाहिए तथा एक राज्यपाल पद पर नियुक्ति व्यक्ति सरकार के अंतर्गत अन्य किसी पद पर नियुक्त न किया जाए।

॰ राज्यों के उच्च न्यायालय राज्यों के क्षेत्राधिकार के सभी मामलों के लिए उच्चतम न्यायालय हो।तथापि संविधान की व्याख्या संबंधी मामले पूर्व की भांति उच्चतम न्यायालय में ही पेश किये जाये।

राजमन्नार रिपोर्ट को निष्पक्ष प्रतिवेदन नही कहा जा सकता, क्योंकि इस प्रतिवेदन में राज्यस्वायत्तता को बढ़ावा दिया गया। जो केन्द्र की सुदृढ़ता के लिए हित करन ही है।[47]

सीतलवाड़ समिति -

प्रशासनिक सुधार आयोग ने 1966-69 में केन्द्र-राज्य संबंधों के अध्ययन एवं सुझाव देने के लिए एम.सी. सीतलवाड़ की अध्यक्षता में एक समिति 1966 में नियुक्त की। [48] इस समिति ने संविधान में अधिक फेर बदल किए बिना राज्यों को अधिक सवायत्तता देने की संस्तुति की।

पुंछी आयोग -

केन्द्र-राज्य संबंधों की फिर से व्याख्या करने के उद्देश्य से अप्रैल 2007 में एक नये आयोग का गठन किया गया। उच्चतम न्यायालय के पूर्व मुख्य न्यायाधीश न्यायमूर्ति मदन मोहन पुंछीआयोग के अध्यक्ष नियुक्त किये गये।चार सदस्यीय इस आयोग ने अपनी रिपोर्ट 20 अप्रैल 2010 को अपनी रिपोर्ट सरकार को सौंपी जिसमें निम्न सिफारिश थी।

॰ अनुच्छेद 355 और अनुच्छेद 356 के दुरुपयोग की रोकथाम की जाए।
॰ आयोग ने राष्ट्रीय जांच एजेंसी (एनआइए) को सौंपे गए आतंकी जांचो में राज्यों के निर्बाध सहयोग को सुनिश्चित करने प्रक्रियाओं की अनुशंसा भी की है।
॰ आर्थिकऔर वित्तीय संबंधों को लेकर प्रादेशिक असंतुलन को दूर करने के लिए नियोजन मॉडल के उन्नयन की अनुशंसा की।[49]
॰ राज्यपाल पांच वर्ष के लिए नियुक्त किये जाये।
॰ राष्ट्रीय विकास परिषद का नाम बदलकर आर्थिक विकास परिषद किया जाये।
॰ केन्द्र में सत्तारूढ़ दल के सदस्य को राज्यपाल के रूप में नियुक्त न किया जाये तथा राज्यपाल की नियुक्ति मुख्यमंत्री के परामर्श से की जाए।[50]

आनन्दपुर साहिब प्रस्ताव 1973 -

आनन्दपुर साहिब प्रस्ताव 1973 में पारित किया गया था। इस प्रस्ताव में पंजाब को एक स्वायत्त राज्य के रूप में स्वीकारने तथा केन्द्र को विदेशी मामलों, मुद्रा, रक्षाऔर संचार सहित केवल पांच दायित्व अपने पास रखते हुये बाकी केअधिकार राज्य को देने संबंधी बातें कही गई थी।[51]

राजमन्नार समिति ने संघ के क्षेत्राधिकार से आय के अनेक साधनों को राज्यों को हस्तांतरित करने की सिफारिश की थी। सरकारिया आयोग ने भी केन्द्रऔर राज्यों केआर्थिक साधनों के वितरण के प्रश्न पर विचार करने हेतु विशेषज्ञों की समिति गठित

करने की सिफारिश की थी। इन आयोगों व समितियां ने केन्द्र-राज्य संबंधों पर अपने-अपने सुझाव दिये इसकेअतिरिक्त केन्द्रऔर राज्य में समन्वय हेतु केन्द्रऔर राज्य के मध्य विचार-विमर्शआवश्यक व वांछनीय है। ऐसा करने से केन्द्र-राज्य संबंधों में सद्भावना उत्पन्न होगी। केन्द्र-राज्य प्रशासनिक समायोजन की दृष्टि से राज्यपाल सम्मेलन, राष्ट्रीय विकास परिषद, मुख्यमंत्री सम्मेलन, मुख्य सचिव सम्मेलन आदि महत्वपूर्ण है।

[1] देखिए क्रमांक (25), पृ. 173

[2] शैलेन्द्र सेंगर- "भारतीय शासन एवं राजनीति", एटलांटिक पब्लिशर्स, एण्ड डिस्ट्रीब्यूटर्स प्रा. लि., नई दिल्ली, 2007, पृ. 140

[3] देखिए क्रमांक (26) पृ. 28

[4] आशुतोष पाण्डेय-" भारतीय सेविधान एवं आपातकालीन प्रावधान", कॉन्सेप्ट पब्लिशिंग, नई दिल्ली, 2012, पृ. 99

[5] डॉ इफ्तिख़ार हसन, डॉ. कपिल वाजपेयी- "भारतीय शासन एवं राजनीति", शिप्रा प्रकाशन, दिल्ली, 2011, पृ. 174

[6] देखिए क्रमांक (39), पृ. 99

[7] डॉ. उम्मदेसिंह इन्दा- "भारत में राज्य-राजनीति", आर बी एस. ए पब्लिशर्स, जयपुर, 2005, पृ. 61

[8] Kendra rajya sambandh accessed on 05/02/2018 at 11.20AM URL:https://www.google.co.in/amp/s/ups.ssc.com/Kendra rajya sambandh

[9] देखिए क्रमांक (40) 174

[10] देखिए क्रमांक (39) पृ. 99

[11] देखिए क्रमांक (39) पृ. 99

[12] घनश्याम चौहान- "भारतीय राजनीति और सरकार", सुमित एन्टर प्राइजेज़, नइदिल्ली, 2005, पृ. 186

[13] देखिए क्रमांक (25) पृ. 174

[14] फरसाराम- "केन्द्र-राज्य संबंधां की समीक्षा," भारतीय राजनीति एवं केन्द्र-राज्य संबंध, पाइन्टर पब्लिशर्स, जयपूर, 2015, पृ. 75

[15] व ही (49) पृ. 75-76

[16] आचार्य भालचन्द्र गोस्वामी 'प्रखर'- "भारत का संविधान और उसमें संशोधन", पोइन्टर पब्लिशर्स, जयपुर, 1998, पृ. 192

[17]

देखिए क्रमांक (39) पृ. 100

महेश्वर नाथकौल, श्यामलाल शकधर- "संसदीय पद्धति और प्रक्रिया (विशेषरूप से लोकसभा के संदर्भ में)", मेट्रो पोलिटन बुक कम्पनी प्रा.लि., नई दिल्ली, 2002, पृ. 1058

देखिए क्र (26) पृ. 53

[18]महेश्वरनाथ कौल, श्यामलाल शकधर- "संसदीय पद्धति और प्रक्रिया (विशषरूप से लोकसभा के संदर्भ मे)", मेट्रोपोलिटन बुक कम्पनी प्रा.लि., नई दिल्ली, 2002, पृ. 1058

[19]देखिए क्र (26) पृ. 53

[20]डॉ. रश्मि श्रीवास्तव- "मध्यप्रदेश शासन एवं राजनीति', कॉलेज बुक डिपो, जयपुर, 2008, पृ. 52-53

[21]लाखाराम- "भारत में केन्द्र-राज्य संबंधों की प्रासंगिकता', भारतीय राजनीति एवं केन्द्र-राज्य संबंध, पोइन्टर पब्लिशर्स, जयपुर, 2015, पृ. 33

[22]नीता शर्मा- "संविधान का विश्वकोश भारत का संविधान भाग-1", अर्जुन पब्लिशिंग, हाऊस, 2013, पृ. 155-156

[23]Centre State Relation, accessed on 8/02/2018 at 10.00 AM URL:http://www vivacepa norama.com/centre-state-relations

[24]देखिए क्र.(49), पृ. 75-76

[25]एस.पी. वर्मा- "भारतीय शासन प्रणाली भूतकाल एवं वर्तमान संदर्भ", सबलाइम पब्लिकेशन्स, जयपुर, 2009, पृ. 72

[26]आचार्य भालचन्द्र गास्वामी 'प्रखर- "लाकेतंत्र और विधानमण्डल', पाइन्टर पब्लिशर्स, जयपरु, 2005, पृ. 54

[27]देखिए क्रमांक (49), पृ. 80

[28]Hemant Pratap Singh,decc 16, 2015, sangh rajya vittiya sambndh accessed on 9/02/18 at.//.30 AM URLhttps://www.google.co.in /amp/s/ m.jajranjosh.com/genarlknowledge/.amp

[29]देखिएक्रमांक (51), पृ. 202

[30]देखिए क्रमांक (57), पृ. 157

[31]शारदा चौधरी- "केन्द्र-राज्य संबंध', भारतीय राजनीति एव ंकेन्द्र-राज्य संबधा,ं पाइन्टर पब्लिशर्स, जयपुर, 2015, पृ. 122

[32]वही (66), पृ. 122

[33]जितेन्द्र जैन-"राज्य संबंधः सैद्धातिन्तक एवं व्यवहारिक पक्ष", भारतीय राजनीति एवं केन्द्र-राज्य संबंध, पाइन्टर पब्लिशर्स, जयपुर, 2015 पृ. 94-95

[34]देखिए क्रमांक (49), पृ. 83

[35]देखिए क्रमांक (3), पृ. 186

[36]एन.एस. गहलोत- "भारतीय राजनीति व्यवस्था दशा एवं दिशा', नेशनल पब्लिशिगं हाऊस, जयपुर, 2004, पृ. 28-30

[37]देखिए क्रमांक (68) पृ. 96

[38]महादेवप्रसाद शर्मा- "लाके प्रशासन : सिद्धान्त एवं व्यवहार', किताब महल,इलाहाबाद, 1971, पृ. 312

[39]चन्द्रपाल- ''केन्द्र-राज्य सबंध एवं सहयोगी संघवाद'', दीप एवं दीप प्रकाशन हाऊस, नईदिल्ली, 1978, पृ. 21

[40]देखिए क्र. (3), पृ. 192

[41]केन्द्र-राज्य संबंधआयोग- ''सरकारियाआयोग की रिपोर्ट-भाग-1-8'', राजभाषा विभाग, ग्रहमत्रांलय, नईदिल्ली, 1998 पृ. 21

[42]देखिए क्र. (3), पृ. 192

[43]देखिए क्र. (76), पृ. 95

[44]देखिए क्र. (76), पृ. 236

[45]डॉ. आर.एन. त्रिपाठी- ''आर्थिक विकास में प्रशासनिक संघवाद'', दिल्ली, 1980, पृ. 101

[46]देखिए क्र. (32), पृ. 137

[47]देखिए क्र. (26), पृ. 209-211

[48]ज्योत्सना सोनी- ''भारतीय संघीय व्यवस्था में केन्द्र व राज्यों के संबंधां में तनाव'', भारतीय राजनीति एवं केन्द्र-राज्स संबंध, पाइेन्टर पब्लिशर्स, जयपुर, 2015 पृ57

[49]Kendra-rajyo ke bich vivdaspad mudde punchhi ayog 2/2015 (online web) accessed on 2/08/18 at 4PM UR L: http://www.vivace panorama.com/the-contro versial-issues-between-states-and the union

[50]30/9/2916 (online web) kendra va rajyo mai vittiya sambndh accessed on 2/8/18 at 10PM.URL: http://www.upscnotes.in

[51]Aanandpur Sahib Prastav (online web) accessed on 14/08/2018 URL: https://hi.m.wikipedia.org/wiki/

3

केन्द्र में एकदलीय सरकारों का दौर और केन्द्र-राज्य संबंध

प्रायः राजनीतिक दलों का संविधान में उल्लेख नही किया जाता, परन्तु संविधान राजनीतिक दलों के द्वारा ही क्रियाशील होता है। राजनीतिक दल लोकतंत्र के अनिवार्य पहियों के रूप में माने जाते हैं। लोकतंत्र के प्रत्येक स्वरूप में राजनीतिक दल एक अपरिहार्य तत्व है। राजनीतिक दल लोकतंत्रीय शासन के अटूट अंग होते हैं। राजनीतिक दल के बिना न तो सिद्धान्तों की संगठित अभिव्यक्ति हो सकती है, नही नीतियों का व्यवस्थित ढंग से विकास और नही संवैधानिक मान्यताओं एवं विश्वासों का क्रियान्वयन हो सकता है। राजनीतिक व्यवस्था में राजनीतिक दल विचारों, अभिमतों और कार्यपद्धतियों के वाहक कहे जा सकते हैं। मुख्यतः प्रजातंत्रिय राष्ट्र में दलीय प्रणाली का स्वरूप संबंधित राष्ट्रों के राजनीतिक इतिहास एवं सामाजिक व राजनीतिक परिस्थितियों की देन होता है। [1]लोकतंत्र में राजनीतिक दलों का महत्वपूर्ण स्थान है।लोकतंत्र और राजनीतिक दलों के बीच वैसाही घनिष्ठ संबंध है, जैसाकि एक व्यक्ति का उसकी प्रति छाया से होता है। जिस तरह व्यक्ति को प्रतिछाया से पृथक करके नही देखा जा सकता उसी प्रकार लोकतंत्र को भी राजनीतिक दलों से पृथक नही किया जा सकता।[2]

राजनीतिक दल हमारे दैनिक जीवन में आमलक्षण जैसे हो गये हैं। राजनीतिक दलों के बारे मे लगातार चर्चा की जाती है एवं अव्यवस्था बद्ध तरीके से उनका मूल्यांकन भी किया जाता है। [3]राजनीतिक दलों का अस्तित्व शासन व्यवस्था में बहुत आवश्यक है। राजनीतिक दलों के बगैर लोकतंत्र नही चल सकता। [4] राजनीतिक दल लोकतंत्र के वाहक हैं। वो लोकतंत्र में अपनी महत्वपूर्ण भूमिका निभाते है।

राजनीतिकदल:-

प्रत्येक लोकतंत्रीय व्यवस्था व समाजवादी व्यवस्था में राजनीतिक दलों का अस्तित्व मौजूद होता है। "राजनीतिक दल उन कुछ सामाजिक ढाँचों मेंसे एक है जिनमें दीर्घकालीन और नियंत्रित आधार पर राजनीतिक क्रिया में लोगों की भारी संख्या भाग लेती है।"[5] अर्थात् राजनीतिक दल कुछ व्यक्तियों का ऐसा संगठन होता है, जो निश्चित सिद्धांतों पर एकमत होते हैं तथा राष्ट्रीय हित के लिए शासन की बागडोर अपने हाथों में लेने के लिए संवैधानिक तरीकों से प्रयत्नशील रहते हैं, उन्हें राजनीतिक दल कहा जाता है। [6] अथवा राजनीतिक दल यानि लोगों का संगठित एक ऐसा समूह जो चुनाव लड़ने और सरकार में राजनीतिक सत्ता प्राप्त करने के उद्देश्य से कार्य करते हैं और राजनीतिक शक्ति को बनाए रखने के लिए प्रयत्नशील रहते हैं। राजनीतिक दलों में सत्ता संघर्ष छिपकर न होकर खुलकर होता है। जो दल चुनावी संघर्ष में जीत प्राप्त करता है, वह अपनी नीतियों और कार्यक्रमों के अनुसार शासन का संचालन करता है। जो राजनीतिक दल सत्ता प्राप्त कर सरकार चलाता है, उसे सत्तापक्ष कहते हैं और जो दल विपक्ष में बैठता है उसे विपक्षी दल कहते हैं।

भारतमेंदलीयव्यवस्थाकास्वरूप:-

भारत बहुदलीय व्यवस्था वाला देश है। यहाँ अनेक राष्ट्रीय स्तर एवं क्षेत्रीय स्तर के दलों का अस्तित्व पाया जाता है। राजनीतिक दलों का इतिहास लोकतंत्र से भी ज्यादा पुराना है। सभी देशों में हर प्रकार की शासन व्यवस्था के अंतर्गत दलों का अस्तित्व रहा है। [7] स्वतंत्रता के बाद से भारत में छः प्रकार की दलीय व्यवस्थाएं रही हैं। जिसके अन्तर्गत दलीय व्यवस्था में परिवर्तन देखा जा सकता है। प्रथम चरण को रजनी कोठारी ने कांग्रेस व्यवस्था कहा है, जो 1952 से 1969 तक रही। यह एक पार्टी के प्रभुत्व का चरण था। जिसमें कांग्रेस दल की स्पष्ट बहुमत की सरकारें बनती रही। इस काल के प्रधानमंत्रियों में जवाहरलाल नेहरू, लालबहादुर शास्त्री और अंत में इंदिरा गाँधी का नाम आता है। दूसरा चरण इंदिरा गाँधी और सिंडीकेट गुटों के बीच कांग्रेस के विभाजन के बाद का अल्पकालीन दौर था, जब इंदिरा गाँधी की सरकार अल्प मत सरकार बन गई थी। तीसरा काल एक पार्टी प्रभुत्व का इंदिरा कांग्रेस व्यवस्था का काल था। जिसकी कालावधि 1971 से 1977 तक मानी जा सकती है। चौथा चरण द्विव दलीय रुझान का चरण था। चौथाचरण 1977 से 1979 तक अस्तित्व में रहा। इस समय जनता पार्टी और कांग्रेस का संयुक्त वोट तथा सीटें लगभग 70 प्रतिशत थी। पाँचवा चरण इंदिरा गाँधी और राजीव गाँधी (कांग्रेस) के पुनागमन का काल था, जिसे 1980 से 1989 तक माना जा सकता है। छठा चरण बहुदलीय व्यवस्था का रहा। जिसने अपना औपचारिकरूप 1989 के निर्वाचन में धारण किया। बहुदलीय व्यवस्था की शुरूआत नौवीं लोकसभा 1989 के आमचुनाव से मानी जा सकती है। तथा 2014 से पुनःएकदल का वर्चस्व स्थापित हो गया है।

वैसे तो भारतीय निर्वाचन या चुनाव सदा ही बहुदलीय रहे हैं, लेकिन पार्टी व्यवस्था के स्वभाव में बदलाव होता रहा है। कभी यह एक पार्टी के प्रभुत्ववाली व्यवस्था रही तो कभी दो पार्टियों की प्रभुत्व वाली व्यवस्था रही और कभी बहुदलीय व्यवस्था भीर ही है। [8]

भारत में लोकतांत्रिक शासन प्रणाली है, तथा लोकतंत्र में दलों का महत्वपूर्ण स्थान रहता है। प्रथम संसदीय निर्वाचन के समय सन् 1952 में निर्वाचन आयोग ने 14 राजनीतिक दलों को राष्ट्रीय राजनीतिक दलों के रूप में मान्यता दी।[9] परन्तु बहुदलीय शासन प्रणाली में शासन सत्ता में अधिक भागीदारी कांग्रेस दल को प्राप्त हुई। प्रथम आम निर्वाचनों में कांग्रेस ने 70 प्रतिशत से अधिक स्थानों पर सफलता प्राप्त की थी। प्रतिपक्ष में इतने अधिक दल थे कि कोई दल मान्यता प्राप्त विपक्ष का दर्जा भी प्राप्त नही कर सका।[10]

केन्द्रमेंएकदलीयसरकारोंकादौरः -

कांग्रेस की स्थापना आजादी से पूर्व ए.ओ. ह्यूम द्वारा की गई थी। जो स्वतंत्रता प्राप्ति के बाद केन्द्र में लगभग तीस वर्षों तक सत्तारूढ़ रही थी।[11]

जिन लोकसभा चुनावों में एकदलीय सरकारें (कांग्रेस) केन्द्र में बनी वे इस प्रकार हैं-
प्रथम लोकसभा चुनाव- 1952

दल

प्रधानमंत्री

कुल सीटें

प्राप्त सीटें

कांग्रेस

जवाहरलाल नेहरू

489

364

सीपीआई

-

-

16

एसओसी

-

-

12

दूसरा लोक सभा चुनाव- 1957

दल

प्रधानमंत्री

कुल सीटें

प्राप्त सीटें

कांग्रेस

जवाहरलाल नेहरू

494

371

सीपीआई

-

-

27

पीएसपी

-

-

19

तीसरा लोकसभा चुनाव- 1962

दल

प्रधानमंत्री

कुलसीटें

प्राप्तसीटें

कांग्रेस

जवाहरलाल नेहरू, गुलजारीलाल नंदा, लालबहादुर शास्त्री और इन्दिरा गाँधी

494

361

सीपीआई

-

-

29

स्वतंत्र पार्टी

-

-

18

चौथा लोकसभा चुनाव- 1967

दल

प्रधानमंत्री

कुलसीटें

प्राप्तसीटें

कांग्रेस

इन्दिरा गाँधी

520

283

स्वतंत्र पार्टी

\-

\-

44

बीजेस

\-

\-

35

पाँचवा लोकसभा चुनाव- 1971

दल

प्रधानमंत्री

कुलसीटें

प्राप्तसीटें

कांग्रेस

इन्दिरा गाँधी

518

352

सीपीएम -

\-

\-

25

सीपीआई

\-

\-

23

सातवां लोकसभा चुनाव- 1980

दल

प्रधानमंत्री

कुलसीटें

प्राप्तसीटें

कांग्रेस (आई)

इन्दिरा गाँधी और राजीव गाँधी

529

351

जेएनपी (एस)

\-

\-

41

सीपीएम

-

-

37

आठवां लोकसभा चुनाव- 1984

दल

प्रधानमंत्री

कुलसीटें

प्राप्तसीटें

कांग्रेस

राजीव गाँधी

514

404

टीडीपी

-

-

30

सीपीएम

-

-

22

उपरोक्त तालिका में प्रथम, द्वितीय और तृतीय स्थानों पर रहने वाले दलों का विवरण है।[12]

सोलहवां लोकसभा चुनाव-2014

दल

प्रधानमंत्री

कुलसीटें

प्राप्तसीटें

भाजपा

नरेन्द्र मोदी

543

282

कांग्रेस

-

-

44

अन्य

-

-

217

सत्रहवां लोकसभा चुनाव-2019

दल

प्रधानमंत्री

कुलसीटें

प्राप्तसीटें

भाजपा

नरेन्द्रमोदी

542

303

कांग्रेस

-

-

52

अन्य

-

-

187

2014 और 2019 के आम चुनाव में केन्द्र में एकदलीय सरकारों का दौर पुनःदेखने को मिलता है।[13]

स्वतंत्रता प्राप्ति के पश्चात्हुए प्रथम चारों संसदीय निर्वाचनों में कांग्रेस को लोकसभा में स्पष्ट बहुमत प्राप्त हुआ। प्रथम तीन निर्वाचनों में कांग्रेस को दो तिहाई से भी अधिक बहुमत प्राप्त हुआ था। [14]

प्रथम आम चुनाव 1952 में कांग्रेस ने 364 सीटों पर जीत हासिल की थी तथा कुल 45 प्रतिशत मत प्राप्त किये। 1957 में दूसरे आम चुनाव में 371 सीटें और 47.8 प्रतिशत मत प्राप्त किये थे। 1962 के तीसरे आम चुनाव में 361 सीट के साथ 44.7 प्रतिशत मत प्राप्त किए।[15] 1967 के चौथे आम चुनाव में 283 सीटें प्राप्त की हालांकि उसके प्रदर्शन मे गिरावट भी हुई थी।पाँचवी लोकसभा 1971 में कांग्रेस ने 352 सीटों पर जीत हासिल की थी।[16] लोकसभा चुनावों में विभिन्न राजनीतिक दलों द्वारा निर्वाचन में भाग लिया गया परन्तु वर्चस्व कांग्रेस का ही रहा। 1952 से 1971 तक केन्द्र में कांग्रेस की पूर्ण बहुमत सरकारें बनी। [17] इसके बाद केन्द्र में 1972 से 1977 तक और उसके बाद पुनः 1980 से

1989 तक भारतीय राजनीति में कांग्रेस की स्पष्ट बहुमत वाली सरकारें बनी। इस काल को भारतीय राजनीति का एकदलीय प्रभुत्ववाली राजनीतिक व्यवस्था का काल कहा जा सकता है। जब एक ही दल (भारतीय राष्ट्रीय कांग्रेस) केन्द्र व अधिकांश राज्यों में सत्तासीन रहा था और जिन राज्यों में कांग्रेस की सरकार नही बनी वहाँ पर कांग्रेस एक सशक्त विपक्षी दल के रूप में रहा। स्वतंत्रता के बाद भारतीय संघ की केन्द्रोन्मुखता की प्रवृति स्थापित हुई। जिसके कारण भारतीय संघ की आत्मा एकात्मक होने की बात यथार्थ हुई ।[18] एकदलीय सरकार के दौर को हम निम्न तीन कालों में विभाजित कर के देख सकते हैं।

एकदलीयसरकारोंकाप्रथमचरण (1947-1967) औरकेन्द्र-राज्यसंबंधकेन्द्रीयसंघवादः-

एक दलीय व्यवस्था के प्रथम चरण में 1952 में पेप्सू और 1957 मेंकेरल के अतिरिक्त सभी राज्यों तथा केन्द्र में कांग्रेस का ही प्रभुत्व रहा था। तथा केन्द्र-राज्य संबंधों में मधुरता बनाए रखने के दृष्टिकोण से यह स्वर्णिम काल कहा जा सकता है। इस काल में केन्द्र एवं राज्यों में एक ही राजनीतिक दल कांग्रेस का एकछत्र आधिपत्य था। एकदलीय प्रभुत्व के कारण केन्द्र सरकार की स्थिति अधिक सुदृढ़ व प्रभावशाली बनी रही। [19] केन्द्र, राज्यों की तुलना में अधिक मजबूत तथा शक्ति सम्पन्न होने के कारण राज्यों पर प्रभावी बना रहा, जिसके परिणाम स्वरूप भारत की संघात्मक व्यवस्था को स्थिरता प्राप्त हुई। इस दौर में राज्यों में केन्द्र समर्पित सरकारें बनी।[20]

इस समय कांग्रेस की राजनीतिक दल के रूप में महत्वपूर्ण भूमिका रही। एक दलीय सरकार के दौर में सरकार सभी निर्णय पूर्णबहुमत से लेने में समर्थ थी। इस समय की कांग्रेस की दलीय स्थिति के बारे में मॉरिस जोन्स ने कहा है, कि भारतीय दलीय व्यवस्था एकदलीय प्रभुत्ववाली व्यवस्था है, तथा रजनी कोठारी ने इसे कांग्रेस व्यवस्था का नाम दिया ।[21]

नेहरू के करिश्मावादी नेतृत्व ने राज्यराजनीति को निष्प्रभावी बना दिया । इस दौर में केन्द्रीय नेतृत्व में मतभेद एवं राज्यस्तरीय गुटबंदियां उजागर नही हुई । इस युग को नेहरू युग कहा जाता है। इस काल में केन्द्र-राज्य मत भेदों को दलीय संगठन स्तर पर ही हल कर लिया जाता था। नेहरू के व्यक्तिव तथा नेतृत्व शक्ति का कोई राज्य विरोध करने तथा कोई नेता मतभेद उत्पन्न करने का साहस नही करता था। योजना आयोग तथा राष्ट्रीय विकास परिषद, संघ तथा राज्यों के बीच तालमेल हेतु 'सुपरकेबिनेट' के रूप में कार्य कर रही थी। एकदल की प्रधानता के कारण सरकार के कार्यों को चुनौती नही दी जा सकती थी। केन्द्रीयकरण की सशक्त प्रवृतियों के परिणामस्वरूप भारतीय संघवाद राजनीतिक समन्वय और आर्थिक विकास के दोहरे उद्देश्यों की पूर्ति का साधन बना रहा था। [22] इस दौर को केन्द्रीय संघवाद का नाम दिया जा सकता है।

द्वितीय चरण (1967-1971) सहकारी सौदेबाजी व केन्द्र-राज्य संबंध या सहयोगी संघवादः-

जब तक केन्द्र व राज्यों में कांग्रेस का प्रभुत्व रहा तब तक इतनी अधिक समस्याएं या केन्द्र-राज्य विवाद उत्पन्न नही हुए थे, परन्तु 1967 के बाद चौथे आम चुनाव में आधे

से अधिक राज्यों में गैर कांग्रेसी सरकारें अस्तित्व में आयी। जिसके कारण संवैधानिक व्यवस्था के अनुकरण में अनेक व्यवधान उपस्थित होने लगे। [23] तथा केन्द्र-राज्य संबंधों में तनाव बढ़ने लगा।प्रत्येक राज्य, केन्द्र सरकार से अधिक से अधिक सहायता की अपेक्षा रखने लगा।अब राज्य सरकारें (गैर कांग्रेसी सरकारें) केन्द्र सरकार के नियंत्रण में नही रहना चाहती थी। यह राजनीतिक अस्थिरता का काल रहा। क्योंकि इस समय तक आते-आते कांग्रेस का एकाधिकार समाप्त हो रहा था।[24] जिसके कारण गुटबंदी और दलबदल की प्रवृत्ति उभरकर सामने आई। [25] परिणामस्वरूप केन्द्र-राज्य संबंधों में कई मतभेद उभरकर सामने आने लगे। 1967-70 के काल में राज्य राजनीति बहुत अधिक अध्ययन, विचार और चिन्ताका विषय बन गयी थी। [26] केन्द्र की सत्तारूढ़ कांग्रेस ने राज्यों की कांग्रेसी और गैर कांग्रेसी सरकारों से सौदेबाजी कर सहयोग प्राप्त किया। अतः इस दौर में सौदेबाजी की राजनीति को बढ़ावा मिला। 1967 के मध्य से ही राज्यपाल की नियुक्ति, राज्यपाल के आचरण, राज्यों में राष्ट्रपति शासन लागू करने, राज्यों की विधानसभाएं भंग करने, घेराव और औद्योगिक विवादों के संबंध में राज्यसरकार के दृष्टिकोण वित्तीयसाधनों के बंटवारें, राज्यों में खाद्यान्न की सहायता और केन्द्र द्वारा राज्यों में केन्द्रीय सुरक्षाबल भेजने आदि विषयों को लेकर राज्यों तथा केन्द्र के बीच विवाद एवं संघर्ष की स्थिति उत्पन्न होने लगी। प.बंगाल, उत्तरप्रदेश, बिहार, हरियाणा और पंजाब आदि राज्यों और केन्द्रीय सरकार के बीच विवाद की स्थिति उत्पन्न हो गई। [27]

बावजूद इसके केन्द्र और राज्य दोनों सरकारों में आपसी सहयोग बना रहा। केन्द्र व राज्यों में आपसी निर्भरता रही। केन्द्र सरकार शक्तिशाली होते हुए भी राज्य सरकारें अपने क्षेत्र में प्रभावशाली बनी रही। इस कालखण्ड को हम सहयोगी संघवाद या सहकारी सौदेबाजी का नाम दे सकते हैं।

तृतीय चरण (1971-77 और 1980-1989) में केन्द्र-राज्य संबंध या एकाधिकारवादी अथवा केन्द्रीयकृत संघवादः-

1971 में पांचवी लोकसभा चुनाव तथा 1972 के राज्य विधानसभा चुनावों में कांगेस की विजय से शक्ति संतुलन केन्द्र की ओर झुकने लगा। इसी प्रकार 1980 के लोकसभा चुनाव एवं विधान सभा चुनाव में भी कांग्रेस को बहुमत प्राप्त हुआ। जिसके परिणामस्वरूप केन्द्र सरकार की स्थिति मजबूत हो गई। इस दौरान संविधान संशोधन जिस द्रुत गति से किए गए उससे ऐसा प्रतीत होने लगा कि भारत एकात्मकता की ओर उन्मुख हो रहा है। जून 1975 से मार्च 1977 तक भारतीय संघ व्यवस्था एकात्मक राज्य में परिवर्तित होने लगी थी। राज्यों के मुख्यमंत्रियों की स्थिति केन्द्रीय सरकार के सूबेदार के जैसी हो गई थी। [28] इन्दिरा गाँधी के कार्यकाल में केन्द्र अधिकतर राज्यों पर हावी रहा था। इस काल में केन्द्र सरकार अत्यधिक शक्तिशाली नजर आने लगी और यह स्थिति एकात्मक संघवाद जैसी बन गई थी।[29]

चतुर्थ चरण (2014 से अब तक) में केन्द्र-राज्य संबंध या पुनः एकाधिकारवादः-

लगभग 25 साल बाद केन्द्र में पुनः एकदलीय सरकार का गठन हुआ । इस युग को मोदी लहर के नाम भी दिया जा सकता है। जिसमें नरेन्द्र मोदी के नेतृत्ववाली भाजपा सरकार ने कई महत्वपूर्ण और एकाधिकारवाद जैसे निर्णय लिए गए।इन निर्णयों में जम्मू कश्मीर से अनुच्छेद 370 और धारा 30ए, नागरिकता संशोधनबिल, अयोध्या विवाद का समापन ।[30]

इसके अलावा नोटबंदी, जीएसटी, तीन तलाक आदि निर्णय लिए इस दौर में केन्द्र-राज्य संबंधों का प्रभाव पुनःदेखा जा सकता है। केन्द्र की स्थिति राज्यों में प्रभावकारी बन गई । तथा प्रधानमंत्री का करिश्माई व्यक्तित्व का प्रभाव भी स्पष्टरूप से देखा जा सकता है।

एकदलीय सरकार के प्रथम चरण (1947 से 1967) में पेप्सू 1952 एवं केरल 1957 के अलावा सभी राज्यों एवं केन्द्र में कांग्रेस की सरकारें थीं। इसके दूसरे चरण में (1971 से 1977) तथा तीसरे चरण (1980 से 1989) में जहाँ एक ओर केन्द्र में कांग्रेस की बहुत सशक्त सरकारें थीं, वहीं कुछ राज्यों में गैर- कांग्रेसी सरकार होने के बावजूद वहाँ कांग्रेस एक सशक्त विपक्षीदल की स्थिति में रही। इस दौर में संघवाद का व्यवहारिक तंत्र बहुत सुगम रहा। केन्द्र व राज्यों के मध्य विचारधारा के आधार पर मत भेद नही उठे। इससे एक सैद्धान्तिक एवं विचारात्मक एकता का संदर्भ बना, जिससे सहयोगी संघवाद उभरा।[31]

परन्तु चौथे आम चुनाव के बाद की परिस्थितियों में परिवर्तन आया और केन्द्र-राज्य संबंधों में तनाव का वातावरण निर्मित हुआ। केन्द्र ने केन्द्रीयकरण की नीतियों का अनुसरण किया, परिणामस्वरूप राज्यों ने इन नीतियों का विरोध किया। फिर भी हम यह कह सकते हैं, कि एकदलीय सरकार के दौर में केन्द्र-राज्य संबंध इतने उग्र या तनावग्रस्त नही रहे जो वर्तमान परिदृश्य में देखे जाते हैं।

एक दल प्रधान व्यवस्था का सबसे बड़ा लाभ यह है, कि इसमें एक दल का प्राधान्य होने के कारण नीतियों की निरन्तरता बनी रहती है, क्यों कि वह दल अपने बहुमत के बल पर अकेला सरकार गठित करे या संयुक्त सरकार में सम्मिलित हो, अपना वर्चस्व बनाए रखता है। साथ ही इस व्यवस्था में प्रभुत्वशाली दल चूंकि सभी हितों को अपने साथ लेकर चलने का प्रयास करता है, जिससे राष्ट्रीय एकता की कोई समस्या उपस्थित नही होती।[32]

प्रथम आम चुनाव के बाद से लगभग 30 वर्षों तक केन्द्र में कांग्रेस की सरकार बनती रही। इन वर्षों में एक दलीय सरकारें गठित हुई। स्वतंत्रता के पश्चात प्रारम्भिक 30 वर्षों के काल को एकलदलीय प्रभुत्व वाली राजनीतिक व्यवस्था कहा जाता है। इस समय केन्द्रीय राजनीति पर कांग्रेस का एकछत्र राज था। एक दलीय सरकार की स्थिति पुनः 2014 में देखी जा सकती है। जब प्रधान मंत्री नरेन्द्र मोदी के नेतृत्ववाली भाजपा सरकार केन्द्र में आई। एकदलीय सरकार के दौर में केन्द्र और राज्यों के विवाद और तनाव के मुद्दे कम ही रहे। साथ ही एकदलीय सरकारों में राज्यों पर केन्द्र सरकार का पूर्ण नियंत्रण कायम रहता है। अतः कहा जा सकता हैं कि एकदलीय सरकारों के दौर में केन्द्र सरकार राज्यों की तुलना में अधिक शक्तिशाली तथा प्रभावशाली स्थिति में रहती है।

केन्द्र में एकदलीय सरकारें और केन्द्र-राज्य संबंधों की विशेषताएंः -

एकदलीय व्यवस्था के अन्तर्गत केन्द्र में पं. जवाहरलाल नेहरू, लाल बहादुर शास्त्री, श्रीमती इन्दिरा गाँधी, राजीव गाँधी और नरेन्द्र मोदी जैसे प्रभावशाली नेताओं का राज्य नेतृत्व पर प्रभाव था। ये नेता राष्ट्रीय दृष्टिकोण के थे। इसलिए वे राज्य की राजनीति पर अपने प्रभाव का प्रयोग कर राष्ट्रीय हित में राज्य की मांगो को दबा देते थे।[33]

मुख्यमंत्री के चयन में प्रधानमंत्री की भूमिका -

केन्द्र-राज्य संबंधों में मुख्यमंत्री एक अहम कड़ी के रूप में जाना जाता है। भारतीय संविधान में केन्द्र तथा राज्यों के बीच शक्तियों का स्पष्टरूप से विभाजन किया गया है। संघसूची पर कानून बनाने का अधिकार केन्द्र को प्राप्तहै तथा राज्यसूची में वर्णित विषयों पर कानून बनाने का अधिकार राज्य को प्राप्त है। राज्य सूची में शामिल विषयों का संबंध मुख्यतः जनसाधारण या जनजीवन से है। अतः राज्य के वास्तविक शासक के रूप में मुख्यमंत्री की भूमिका बहुत महत्वपूर्ण हो जाती है। उसकी नेतृत्व क्षमता अथवा प्रशासनिक क्षमता पर ही राज्यसूची के विषयों को सफलता के साथ क्रियान्वित किया जा सकता है।

मुख्यमंत्री ही योजनाआयोग के सम्मुख राज्य की योजना का प्रारूप प्रस्तुत करता है और उससे प्रारूप को स्वीकृत भी करवाता है और राष्ट्रीय नीतियों के निर्माण में भी मुख्यमंत्रियों का योगदान रहा। देश की कृषि-नीति, खाद्य-नीति, आयात-निर्यात नीति, औद्योगिक नीति, जल-संसाधनों के प्रयोग, अन्तर्राज्यीय विवादों के निपटारे, बिक्री-कर, चुंगी इत्यादि मामले के निर्धारण में उनका योगदान रहा।[34]

भारतीय राजनीति कव्यवस्था में विधायी संबंधों का संचालन संविधान में वर्णित सातवीं अनुसूची के आधार पर होता है। विधायी मामलों में केन्द्र सरकार को वरीयता प्राप्त है। केन्द्र-राज्य संबंध में केन्द्र सरकार की नीति प्रारम्भ से ही राज्यों को अपने ऊपर आश्रित बनाए रखने की रही है। एकदलीय सरकार के प्रथमचरण तक तो संपूर्ण राज्यों में कांग्रेस की सरकारें ही बनती रही थीं। इसलिए कोई विवाद स्पष्टरूप से सामने नही आए। परन्तु बाद में राजनीतिक स्थिति में परिवर्तन आने लगे। [35] जैसे मुख्यमंत्री की स्थिति में बदलाव आदि। मुख्यमंत्री को केन्द्र-राज्य संबंधों का मुख्यनिर्धारक पक्ष माना जाता है। उसके आचरण पर ही केन्द्र व राज्य में मधुरता अथवा तनाव की स्थिति निर्भर करती है। सन् 1967 के पूर्व केन्द्र-राज्य संबंधों का काल मधुर काल रहा। इस समय राज्यों के मुख्यमंत्रियों पर प्रधानमंत्री पं. जवाहर लाल नेहरू के व्यक्तित्व का अत्यधिक प्रभाव था। केन्द्र-राज्य संबंधों का निर्धारण दलीय स्तर पर अथवा व्यक्तिगत स्तर पर हो जाता था। यह केन्द्र के वर्चस्व का काल था, जिसमें प्रधानमंत्री को सर्वोच्च मुख्यमंत्री के रूप में जाना जाता था। परन्तु 1967 के बाद स्थिति में परिवर्तन आने लगा।[36]

एक दलीय सरकार के दौरान प्रधानमंत्रियों द्वारा राज्यों में मुख्यमंत्रियों के चयन और अपदस्थगी में भी निर्णायक भूमिका का निर्वाह किया गया। कई बार प्रधानमंत्री ने राज्य राजनीति पर अपना व्यक्तिगत वर्चस्व स्थापित करने के लिए राज्य के विधानमण्डल में

दलीय इच्छा का दमन करते हुए मुख्यमंत्रियों का चयन करने का अधिकार अपने पास रखने के लिए प्रयास किया। इसके साथ ही मुख्यमंत्रियों को अपदस्थ करने या हटाने का अधिकार भी राज्य विधान मण्डलीय दलों के हाथ से निकलकर प्रधानमंत्री के पास आ गया। किसी मुख्यमंत्री के सत्ता में बने रहने का आधार संबंधित राज्यविधान मण्डल में उसके बहुमत या अल्पमत पर नही रहा, अपितु प्रधानमंत्री की उस पर कृपा या आशीर्वाद का होना रहा। श्रीमती इंदिरा गाँधी और राजीव गाँधी के प्रधानमंत्रित्व काल में ऐसे कई उदाहरण देखे जा सकते हैं।[37] एकदलीय सरकार के प्रथम चरण में विवाद के मुद्दे कम ही रहे। कतिपय अपवादों को छोड़ दिया जाए तो नेहरू युग तक मुख्यमंत्रियों में चयन में अनुचित हस्तक्षेप नही किया गया तथा राज्य कांग्रेस विधानमण्डलीय दलों को अपना नेता चुनने का अधिकार प्राप्त था।[38] परन्तु 1967 के बाद जब कुछ राज्यों में दूसरे दलों की सरकारें बनने लगी तो, केन्द्र के हस्तक्षेप की नीति सामने आने लगी। संसाधनों के बटवारें तथा राज्य के कामकाज में केन्द्र के दखलन्दाजी की समस्याएं सामने आई। [39] उदाहरणार्थ इन्दिरागाँधी के प्रधानमंत्रित्व काल में विभिन्न राज्यों के मुख्यमंत्रियों को हटाकर नये मुख्यमंत्री बनाए गए। राजस्थान के मोहनलाल सुखाड़िया, आंध्रप्रदेश के ब्रह्ममानन्द रेड्डी को बहुमत प्राप्त होने के बाद भी हटाकर इन राज्यों में राजस्थान में बरकतुल्ला खां और आंध्र प्रदेश में नरसिम्हा राव को मुख्यमंत्री नियुक्त किया। इन्दिरा गाँधी ने मध्यप्रदेश में प्रकाशचंद सेठी, बिहार में केदार पाण्डे, गुजरात में घनश्याम ओझा और उत्तरप्रदेश में हेमवतीनंदन बहुगुणा मुख्यमंत्री बनाये गए।[40]

एकदलीय सरकार में केन्द्र के हित में संवैधानिक संशोधन -

संविधान में आवश्यकता व परिस्थितियों के अनुरूप संशोधन किये जाते रहे हैं। संविधान संशोधन की दृष्टि से भी केन्द्र सरकार राज्य सरकार की तुलना में अधिक मजबूत है। एक दलीय सरकार के दौर में संवैधानि कसंशोधन कर के शक्तियों के केन्द्रीयकरण का प्रयास किया गया। 1971 के आम चुनाव के पश्चात शक्ति संतुलन पुनःकेन्द्र की ओर झुकने लगा। ऐसे कई संवैधानिक संशोधन किए गए जिससे संघात्मक व्यवस्था एकात्मकता की ओर झुकने लगी। [41] उदाहरणार्थ 1971 में 24वां संविधान संशोधन किया गया जिसके अनुसार संसद संविधान के किसी भी हिस्से या भाग (मौलिक अधिकार सहित) में बदलाव कर सकती है चाहे मामला संविधान की मूलभावना का ही क्यों न हो। साथ ही यह भी प्रावधान किया गया कि यदि दोनों सदनों में संशोधन से संबंधित विधेयक पारित हो जाता है, तो राष्ट्रपति द्वारा विधेयक पर सहमति देना बाध्यकारी होगा। यह संशोधन गोलकनाथ के मामले से उत्पन्न स्थिति के संदर्भ में पारित किया गया था। [42] 25वां संशोधन 1971 के अन्तर्गत भूतपूर्व देशी राज्यों के शासकों की विशेषउपाधियों एवं उनके प्रिवीपर्स को समाप्त कर दिया गया। 34वें संविधान संशोधन के तहत विभिन्न राज्यों द्वारा पारितबी सभू-सुधार अधिनियमों को नौवीं अनुसूची में प्रवेश देते हुए उन्हें न्यायालय द्वारा संवैधानिक वैधता के परिक्षण से मुक्त किया गया । 37वेंसंशोधन 1975 के अन्तर्गत आपात स्थिति की घोषणा

और राष्ट्रपति, राज्यपाल एवं केन्द्रशासित प्रदेशों के प्रशासनिक प्रधानों द्वारा अध्यादेश जारी किए जाने को अविवादित बनाते हुए न्यायिक पुनर्विचार से मुक्त रखा गया। [43]

आपातकाल में हुए संशोधनों में सबसे पहला संशोधन 22 जुलाई, 1975 को पास किया गया। जिसके तहत न्यायपालिका से आपातकाल की न्यायिक समीक्षा करने का अधिकार छीन लिया गया। इसके लगभग दो माह पश्चात 39वां संशोधन लाया गया। जिसके द्वारा न्यायपालिका से प्रधानमंत्रीपद पर नियुक्त व्यक्ति के चुनाव की जांच करने का अधिकार भी छीन लिया गया। प्रधानमंत्री के चुनाव की जांच सिर्फ संसद द्वारा गठित की गई समिति ही कर सकती थी।

आपातकाल को समय की आवश्यकता बताते हुए इन्दिरा गाँधी ने उस समय संविधान में कई संशोधन किए। 40वें और 41वें संशोधन के जरिये संविधान के कई प्रावधानों को बदलने के बाद 42वां संशोधन पास किया। इसे 'कंस्टीट्यूशन ऑफ इन्दिरा' भी कहा जाने लगा। [44] 42वां संवैधानिक संशोधन मे प्रस्तावना में पंथ निरपेक्ष व समाजवादी शब्द जोड़े गये। शिक्षा, नाप-तोल, वन, जंगली जानवर और पक्षियों की रक्षा और जनसंख्या नियंत्रण जैसे विषय राज्यसूचि से निकालकर समवर्ती सूचि में शामिल कर दिए गए। विभिन्न क्षेत्रों में न्यायाधिकरण की स्थापना की गई। न्यायालयों के क्षेत्राधिकार को सीमित करने का प्रयास किया गया। साथ ही यह व्यवस्था की गई कि अनुच्छेद 352 के अन्तर्गत आपातकाल समस्त देश में लागू किया जा सकता है या देश के किसी एक या कुछ भागों में लागू किया जा सकेगा। [45] संविधान का 42वां संशोधन को राष्ट्र के लिए एक धब्बा कहा गया था। इस संशोधन में केन्द्र-राज्य शक्ति संबंधों को केन्द्र के पक्ष में रखा गया। [46]

निष्कर्षत रूपमें कहा जा सकता है कि इन्दिरा गाँधी के शासनकाल में केन्द्र अधिकतर राज्यों पर हावी रही।

एकदलीय सरकार के दौरान राज्यों का पुनर्गठन -

भारतीय संघात्मक व्यवस्था में केन्द्र की शक्तिशाली संस्थागत स्थिति में संसद की अहम भूमिका रही है। संसद द्वारा पारित विभिन्न संविधान संशोधनों ने केन्द्र की शक्तियों में वृद्धि की है।

राज्यों के गठन की शक्ति केन्द्र सरकार में निहित है। राज्यों के पुनर्गठन हेतु राज्य-पुनर्गठन आयोग की नियुक्ति की गई। फजल अली इसके अध्यक्ष थे तथा इसके अन्य सदस्य प . हृदयनाथ कुंजरू और सरदार के.एम. पणिकर थे। इस अयोग ने 1955 में अपनी विस्तृत रिपोर्ट प्रस्तुत की थी। जिसमें आयोग ने 16 राज्यों और 3 केन्द्रशासित क्षेत्र के गठन की सिफारिश की थी। [47]

राज्य पुनर्गठन अधिनियम जुलाई 1956 ई. में पास किया गया इसके अनुसार भारत में राज्य एवं केन्द्रशासित प्रदेश स्थापित किए गए। अक्टूबर 1953 ई. को आंध्रप्रदेश राज्य का गठन किया गया था। यह राज्य स्वतंत्र भारत में भाषा के आधार पर गठित होने वाला पहला राज्य था। इसके बाद नवम्बर 1954 ई. को फ्रांस की सरकार ने अपनी सभी बस्तियां

पांडिचेरी आदि को भारत को सौंप दी। 28 मई 1956 ई. को इस संबंध में संधि पर हस्ताक्षर हो गये इसके बाद इन सभी को मिलाकर पांडिचेरी संघ राज्य क्षेत्र का गठन किया गया था। भारत सरकार ने 18 दिसम्बर 1961 ई. को गोवा, दमन द्वीप की मुक्ति के लिए पुर्तगालियों के विरूद्ध कार्रवाई की और उनपर पूर्ण अधिकार कर लिया। बारहवें संविधान संशोधन द्वारा गोवा तथा दमन और द्वीप को प्रथम परिशिष्ट में शामिल करके अभिन्न अंग बना दिया गया। 1 मई 1960 ई. को मराठी एवं गुजराती भाषियों के बीच संघर्ष के कारण बम्बई राज्य का बंटवारा करके महाराष्ट्र एवं गुजरात नामक दो राज्यों की स्थापना की गई। नागा आंदोलन के कारण असम को विभाजित करके 1दिसंबर 1963 ई. मे नागालैण्ड को अलग राज्य बनाया गया। 1 नवम्बर 1966 ई. में पंजाब को विभाजित कर के (पंजाबी भाषा) एवं हरियाणा (हिन्दीभाषा) के आधार पर दो राज्य बना दिये गए थे। 25 जनवरी 1971 ई. को हिमाचल प्रदेश को पूर्ण राज्य का दर्जा दिया गया। 21 जनवरी 1972 ई. को मणिपुर, त्रिपुरा, एवं मेघालय को पूर्णराज्य का दर्जा दिया गया। 26 अप्रैल 1975 ई. सिक्किम भारत का 22वां राज्य बना। 20 फरवरी 1987 ई. में मिजोरम एवं अरूणाचल प्रदेश को भी पूर्ण राज्य का दर्जा दिया गया। इसके पश्चात 30 मई 1987 इ. में गोवा को 25वां राज्य का दर्जा दिया गया। [48] राज्य के पुनर्गठन की प्रक्रिया में संसद अर्था त्केन्द्र की महत्वपूर्ण भूमिका रही। 1956 में कुछ राज्यों का पुनर्गठन हुआ। इससे भाषाई आधार पर राज्यों के गठन की शुरूआत हुई। 1956 में संसद के दबाव के कारण ही बम्बई राज्य (वर्तमान महाराष्ट्र) का निर्माण किया गया था। 1960 में गुजरात और महाराष्ट्र का गठन हुआ, 1966 में पंजाब और हरियाणा को अलग-अलग किया गया। 1956 में राज्यों के पुनर्गठन के बाद भी केन्द्र द्वारा अनेक नये राज्यों का निर्माण किया गया। हिमाचल प्रदेश, गोवा, हरियाणा, नागालैण्ड, मिजोरम, मणिपुर, त्रिपुरा और मेघालय को राज्य का दर्जा प्रदान किया गया। दिल्ली को राजधानी प्रदेश का दर्जा प्रदान किया गया।[49]तेलंगाना राज्य का निर्माण 2013 (गठबंधन सरकार के दौर में) आंध्रप्रदेश से पृथक कर किया गया।

2019 में जम्मू और कश्मीर पुनर्गठन अधिनियम 2019 के तहत मोदी सरकार ने जम्मू-कश्मीर को विशेष राज्य का दर्जा देने वाले अनुच्छेद 370 तथा धारा 35ए को हटा दिया। तथा जम्मू और कश्मीर को दो केन्द्र शासित राज्यों में बांट दिया गया।[50]

राज्यपाल का पद और राष्ट्रपति शासन (अनुच्छेद 356 का दुरुपयोग) और विधानसभा को भंग करना-

राज्यपाल का पद व भूमिका एक विवाद का विषय है। संविधान के सर्वाधिक विवादास्पद प्रावधानों में से एक अनुच्छेद 356 है। इसके द्वारा राज्यों में राष्ट्रपति शासन लागू किया जाता है। इस प्रावधान को किसी राज्य में तब लागू किया जाता है, जब ऐसी स्थिति उत्पन्न हो गई हो, कि उस राज्य का शासन संविधान के उपबंधों के अनुसार नही चल रहा हो। तब संघीय या केन्द्र सरकार राज्य सरकार का अधिग्रहण कर लेती है। इस विषय के संबंध में राष्ट्रपति द्वारा जारी उद्घोषणा को संसद की स्वीकृति प्राप्त करना जरूरी होती

है। राज्यपाल को यह अधिकार है, कि वह राज्य सरकार को बरखास्त करने तथा राज्य विधानसभा को निलंबित या विघटित करने की अनुसंशा कर सके। इससे अनेक विवाद उत्पन्न हुए हैं। राज्यपाल तथा राष्ट्रपतिशासन केन्द्र-राज्य संबंधों के निर्धारण में महत्वपूर्ण हैं। एकदलीय सरकार के दौर में यह सर्व विदित है कि राज्यपाल पद का दुरुपयोग किया गया था। केन्द्र ने राज्यपालों के माध्यम से राज्य सरकारों (गैर कांग्रेसी) को पदच्युत करने का प्रयास किया गया। गैर कांग्रेसी मुख्यमंत्रियों का यह भी आरोप रहा है कि उनके राज्यों में राज्यपालों की नियुक्ति के संबंध में उनसे परामर्श नही लिया जाता[51]।

चौथे आम चुनाव के बाद जब राज्यों में विपक्षी दलों की सरकारें बनी तब केन्द्र एवं राज्य सरकारों के मध्य राज्यपाल की नियुक्ति, राज्यों में राष्ट्रपति शासन, राज्य विधानसभाएं भंग करना आदि मुद्दों पर केन्द्र और राज्यों मेंतनाव उत्पन्न होने लगा।

राज्यों में कई बार राष्ट्रपति शासन लागू किये गये। इस स्थिति के कारण मुख्यमंत्री, विधानसभा अध्यक्ष, राज्यपाल तथा केन्द्र सरकार की भूमिका के परिप्रेक्ष्य में अनेक संवैधानिक, संस्थागत तथा प्रक्रियागत प्रश्न उजागर हुए।[52]

राज्यपालों द्वारा राज्य सरकारों को गिराने के लिए कई तरह से प्रयास किये गए। जिसके परिणामस्वरूप राज्य सरकार के कार्यकाल में बाधा और राजनीतिक अस्थिरता की स्थिति उत्पन्न हुई। राज्यपाल की नियुक्ति केन्द्र सरकार के प्रतिनिधि के रूप में की जाने लगी। राज्यपाल की इस भूमिका ने पद की प्रतिष्ठा को आघात पहुंचाया तथा केन्द्र राज्य संबंधों में तनाव की स्थिति पैदा की।[53]

संसद द्वारा राज्यों में राष्ट्रपति शासन लागू करने की उद्घोषणा का अनुसमर्थन करने तथा समय-समय पर राज्यों में राष्ट्रपति शासन में अभिवृद्धि करके भारत की संघात्मक व्यवस्था के स्वरूप को प्रभावित भी किया गया। इसके फलस्वरूप जहाँ केन्द्र की शक्तियों में निरन्तर वृद्धि होती गई वही दूसरी ओर राज्यों की स्थिति कमजोर होती गई।

1950 में भारतीय संविधान के लागू होने के बाद से केन्द्र सरकार द्वारा अनुच्छेद 356 का प्रयोग 100 से भी अधिक बार किया जा चुका है। [54] 1967 तक अनुच्छेद 356 का प्रयोग अत्यन्त सीमित तौर पर किया गया। परन्तु 1967 के बाद अनेक राज्यों में गैर कांग्रेसी सरकारें अस्तित्व में आई। तथा केन्द्र की कांग्रेस सरकार ने अनेक अवसरों पर अनुच्छेद 356 का दुरुपयोग राज्यों की सरकारों को बर्खास्त करने में किया।

एकदलीय सरकार के दौर में राष्ट्रपति शासन का प्रथम बार प्रयोग 20 जून, 1951 में पंजाब में भार्गव मंत्रिमण्डल के पतन के कारण किया गया। 1952 पेप्सू, 1954 आंध्रप्रदेश, 1956 उड़ीसा, 1966 पंजाब, 1967 राजस्थान और फिर प. बंगाल, बिहार, उत्तरप्रदेश, मध्यप्रदेश, हरियाणा, पंजाब, कर्नाटक और गुजरात राज्यों में राष्ट्रपति शासन की उद्घोषणा की गई।[55]

जवाहरलाल नेहरू के प्रधानमंत्रित्व काल में राष्ट्रपति शासन का प्रयोग 8 बार, लालबहादूर शास्त्री के समय 1 बार, इन्दिरा गाँधीने 1966 से 1977 के बीच 35 बार और

1980 से 1984 के बीच 15 बार और राजीव गाँधी ने 6 बार राष्ट्रपति शासन लगाया। राष्ट्रपति शासन लगाने वाले प्रधानमंत्रियों में इन्दिरागाँधी का नाम सबसे आगे रहा है। [56]मोदी सरकार के द्वारा अभी तक 10 से ज्यादा बार इस अनुच्छेद का प्रयोग किया गया है।

राज्यपाल पद का दुरुपयोग भी एकदलीय सरकार के दौर में ही अधिक किया गया। जिसकी काफी आलोचनाएं भी की गईं। ऐसे कई उदाहरण हैं जब एकदलीय सरकार के दौर में राज्यपाल पद का दुरुपयोग किया गया।पहले आम चुनाव 1952 के बाद ही राज्यपाल पद का दुरुपयोग शुरु हो गया। मद्रास (अब तमिलनाडू) में अधिक विधायकों वाले संयुक्त मोर्चे के बजाय कम विधायकों वाले कांग्रेस के नेता सी.राजगोपालाचारी को सरकार बनाने का अवसर दिया गया जो उस समय विधायक नही थे। केरल में 1957 में कम्युनिस्ट पार्टी की सरकार ईएमएसनम्बूदरी पाद के नेतृत्व में चुनी गई थी। लेकिन राज्य में कथित मुक्ति संग्राम के बहाने तत्कालीन केन्द्र सरकार ने 1959 में इसे बर्खास्त कर दिया। 1984 में जम्मू-कश्मीर के तत्कालीन राज्यपाल बी.के. नेहरू ने केन्द्र के दबाव के बावजूद फारूख अब्दुल्ला के नेतृत्व वाली राज्य सरकार के खिलाफ रिपोर्ट भेजने से इन्कार करने पर राज्यपाल का तबादला गुजरात कर दिया और दूसरा राज्यपाल भेजकर राज्य सरकार को बर्खास्त कर दिया गया। आंध्रप्रदेश में पहली बार 1983 में एन.टी.रामाराव के नेतृत्व में गैर कांग्रेसी सरकार बनी जिसे 1984 में राज्यपाल द्वारा बर्खास्त कर दिया गया।हालांकि बादमें रामाराव को फिर मुख्यमंत्री बना दिया गया था।[57]

इसके अलावा 1980 में गैर कांग्रेसी सरकार वाली 9 राज्यों (उत्तरप्रदेश, उड़ीसा, मध्यप्रदेश, राजस्थान, गुजरात, बिहार, तमिलनाडू, पंजाब और महाराष्ट्र) की विधानसभाओं को भंगकर दिया और राष्ट्रपति शासन लागू कर दिया गया। तथा फिर से निर्वाचन करवाए गए। इन निर्वाचनों में तमिलनाडू को छोड़कर सभी राज्यों में कांग्रेस (आई) को बहुमत प्राप्त हुआ। इन राज्यों में केन्द्रीय नेतृत्व ने स्वेच्छा से मुख्यमंत्रियों की नियुक्ति की गई।[58]

कुछ मामले तो सर्वोच्च न्यायालय में भी गए तथा सर्वोच्च न्यायालय ने निर्णय दिया कि राष्ट्रपति शासन लागू करने के निर्णय की संवैधानिकता की जांच-पड़ताल न्यायालय कर सकता है।ये स्थिति वर्तमान सरकार के कार्यकाल में भी देखी जा सकती है।

एक दलीय सरकार के दौरान आपातकाल की उद्घोषणाएं -

संविधान के भाग-18 में अनुच्छेद 352-360 के अन्तर्गत तीन प्रकार की आपात स्थितियों की परिकल्पना की गई है।

1. युद्ध या बाह्य आक्रमण या सशस्त्रविद्रोह के कारण अनुच्छेद-352 के अधिन राष्ट्रीयआपात।

2.राज्यों में संवैधानिक तंत्र के विफल हो जाने पर संविधान के अनुच्छेद 356 के अंतर्गत राज्य आपात या राष्ट्रपति शासन।

3.राष्ट्र के वित्तीय स्थायित्व के संकट की स्थिति में अनुच्छेद 360 के अंतर्गत वित्तीय आपात।

संविधान के अनुच्छेद 352, 356, और 360 के अन्तर्गत राष्ट्रपति को आपातकालीन शक्तियाँ प्रदान की गई है। जिनका प्रयोग वह प्रधानमंत्री की सलाह पर ही करता है।[59] प्रथम राष्ट्रीय आपात काल की घोषणा 26 अक्टूबर, 1962 को नेफा और लद्दाख पर चीन के आक्रमण के कारण की गयी थी। [60] इस संकटकालीन आपात उद्घोषणा को 10 जनवरी, 1968 को वापस ले लिया गया था। दूसरी आपात कालीन घोषणा 3 दिसंबर 1971 से 21 मार्च 1977 के बीच मूलरूप से भारत पाकिस्तान युद्ध के दौरान घोषित किया गया था। जिसे बाद में तीसरे आपात के साथ विस्तारित किया गया था।

25 जून 1975 से 21 मार्च 1977 के बीच इंदिरा गाँधी के प्रधानमंत्रित्व काल में राजनीतिक अस्थिरता की विवादास्पद परिस्थितियों में भारत की सुरक्षा को आंतरिक गड़बड़ी से खतरा घोषित किया गया था। अनुच्छेद 352 के अन्तर्गत की जानेवाली आन्तरिक तथा बाह्य आपातकाल की घोषणा कांग्रेस के एकदलीय प्रभुत्व वाले युग में की गई थी।

सन् 1962 ई. में बाह्य आपातकाल की प्रथम उद्घोषणा में प्रधानमंत्री पण्डित जवाहर लाल नेहरू के नेतृत्व में संसद तथा राज्य विधानसभाओं में स्पष्टत था विशाल बहुमत का समर्थन प्राप्त था। कांग्रेस की तुलना में अन्य विपक्षी दलों की स्थिती बहुत कमजोर स्थिति में थी। इसी तरह सन् 1971 ई. के लोकसभा के मध्यावधि निर्वाचन में श्रीमती इन्दिरा गाँधी के नेतृत्व में कांग्रेस को दो तिहाई बहुमत प्राप्त हुआ इससे पुनः देश में एकदलीय शासन व्यवस्था का पुनरागमन हुआ इसके बाद ही श्रीमती इन्दि रागाँधी द्वारा 1971 ई. में भारत-पाकिस्तान युद्ध के परिप्रेक्ष्य में बाह्य आपात काल की उद्घोषणा की गई। इस युद्ध में भारत की विजय हुई। 1972 ई. में राज्य विधानसभाओं के निर्वाचन सम्पन्न हुए, जिसमें भारतीय मतदाताओं ने श्रीमती इन्दिरा गाँधी के करिश्मे से प्रभावित होकर कांग्रेस के पक्ष में मतदान किया। इससे केन्द्र तथा राज्यों में कांग्रेस का एकदलीय शासन स्थापित हो गया था।[61]

1975 के आपात काल का उद्देश्य आन्तरिक अराजकता की स्थिति का निवारण करना था।सन् 1975 ई. में आन्तरिक आपातकाल की घोषणा ने बाह्य आपातकाल को असामयिक तथा अप्रासंगिक बना दिया था। जनता की स्मृति से यह विस्मृत हो गई। 1977 ई. के लोकसभा के निर्वाचन में भी बाह्य आपात काल चुनावी मुद्दा नही बना।[62] 26 जून 1975 से 21 मार्च 1977 तक का 21 महीने की अवधि में आपातकाल घोषित था। धारा 352 के अधीन आपातकाल घोषित था। धारा 352 के अधीन आपातकाल की यह घोषणा स्वतंत्र भारत के इतिहास में यह सबसे विवादास्पद और अलोकतांत्रिक थी।[63]

तीनों ही बार (1962, 1971 और 1975) आपातकाल की उद्घोषणा कांग्रेस (एकदलीय प्रभुत्व वाली सरकार) के शासनकाल में की गई थी। ऐसा केवल एकदलीय प्रभुत्व वाली

सरकार के शासन में ही संभव हो सकता है। जिस दल को संसद में विशाल बहुमत प्राप्त हो, वही दल आपातकाल की घोषणा करने में समर्थ हो सकता है। जहाँ तक आपात काल की उद्घोषणा के लिए उत्तरदायी प्रधानमंत्री की भूमिका का प्रश्न है 1962 में जवाहरलाल नेहरू के कार्यकाल में लागू की गई। बाद में सन् 1971 में बाह्य तथा 1975 में आंतरिक आपातकाल की उद्घोषणा की उद्घोषणा प्रधानमंत्री श्रीमती इन्दिरा गाँधी के कार्यकाल में प्रवर्तित की गई।[64]

एकदलीय सरकारों में केन्द्र-राज्य वित्तीय संबंधः-

केन्द्र-राज्य के बीच में समन्वय की दृष्टि से राज्यों की आर्थिक असमानता एक गंभीर समस्या रही है, जो स्वतंत्रता प्राप्ति के बाद से ही रही है। केन्द्र तथा राज्यों के बीच वित्तीय संबंधों की व्याख्या संविधान के भाग-12 के अध्याय 1 में की गई है। देश के सभी भागों का एक समान और संतुलित विकास सुनिश्चित करने की दृष्टि से पंचवर्षीय योजनाओं के माध्यम से आर्थिक रूप से पिछड़े क्षेत्र के तीव्र विकास के लिए महत्वपूर्ण प्रयास किये गये। 1969 में बैंकों के राष्ट्रीयकरण के बाद उनकी शाखाओं का विस्तार पिछड़े और ग्रामीण क्षेत्रों में किया गया। विभिन्न मंत्रालयों ने भी पिछड़े क्षेत्रों के विकास के लिए कार्यक्रम और योजनायें बनाई गई। जैसे निर्धनता उन्मूलन, काम के बदले अनाज, गहन समन्वित ग्रामीण विकास कार्यक्रम जो 1970 के दशक से चलाए जा रहे हैं। साथ ही शिक्षा, स्वास्थ्य, परिवार नियोजन कार्यक्रम एवं जन वितरण प्रणाली जैसी योजनाओं ने पिछड़े व गरीब राज्यों को अधिक लाभ पहुंचाने के लिए प्रारम्भ किया गया। कुछ पिछड़े राज्यों ने इसमें सफलता भी प्राप्त की है, साथ ही वही कुछ राज्यों में ये कार्यक्रम असफल रहे। विकास और प्रतिव्यक्ति आय के संदर्भ में बिहार,उड़ीसा, मध्यप्रदेश विकास के क्रम में नीचे है, तो वही महाराष्ट्र, पंजाब, तथा गुजरात विकसित श्रेणी के राज्यमाने जा सकते हैं। हरियाणा, कर्नाटक और तमिलनाडू जैसे राज्य ने अपनी स्थिति को सुधारा हैं।[65]

देश में अनेक कार्यक्रम व योजनाओं के बाद भी विषमता की स्थिति बनी हुई है। राज्यों में आर्थिक स्थिति को लेकर असमानता है। इस स्थिति को लेकर केन्द्र और राज्यों के बीच विवाद उत्पन्न होते रहते है। 1967 के बाद भारत में केन्द्र तथा राज्यों के बीच वित्तीय विषयों को लेकर विवाद उभरे हैं- राज्यों को यह शिकायत रही है कि केन्द्र सरकार उन राज्यों को अधिक मदद देती है, जहाँ कांग्रेस की सरकार है। योजना आयोग (अब नीति आयोग) के माध्यम से भी केन्द्र राज्यों पर न केवल नियन्त्रण रखती है, बल्कि भेदभाव भी करती है।[66] राज्य सरकारों द्वारा केन्द्रीय सरकार और योजना का विरोध करने की प्रवृत्ति उभरी। सन् 1969 में पहली बार कुछ राज्यों ने चैथी योजना के प्रारूप को अनौपचारिक रूप से अस्वीकृत किया। पश्चिम बंगाल तथा दिल्ली के मुख्यकार्यकारी पार्षद ने पंचवर्षीय योजना को उसी रूप में स्वीकार करने से इन्कार कर दिया। राज्य के मुख्यमंत्रियों ने केन्द्र से राज्यों की आय के स्रोतों को भी बढ़ावा देने की बात कही गई।[67]

वित्तीय साधनों के लिए केन्द्र सरकार पर राज्यों की निर्भरता के कारण राज्य ऋण ग्रस्त होते चले जाते हैं। केन्द्र सरकार से लिए गए ऋण 1961 में 20 अरब 14 करोड़ रुपये से बढ़कर 1971 में 63 अरब 65 करोड़ रुपये तथा 1978 के बजट अनुमान के अनुसार 1 खरब 13 अरब 69 करोड़ रुपये हो गया जोकि राज्यों की कुल ऋण ग्रस्तता का लगभग 70 प्रतिशत है।[68]

प्रधानमंत्री की सर्वोच्चता -

भारतीय संविधान में प्रधानमंत्री के पद की व्यवस्था की गई है। संविधान में प्रधानमंत्री के कार्यों और उसके अधिकारों का भी वर्णन किया गया है। प्रधानमंत्री मंत्रिमण्डल का नेता होता है तथा मंत्री अपने विभागों की सहायता के लिए निजी रूप से प्रधानमंत्री के प्रति जवाब देह होते हैं। प्रधानमंत्री पद के अतिरिक्त वह लोकसभा का नेता, राष्ट्रपति का परामर्शदाता, सरकार का मुखिया तथा सारे देश का नेता भी होता है। वह केबिनेट रूपी मेहराब की आधार शिला है। प्रधानमंत्री का त्याग-पत्र समस्त केबिनेट का त्यागपत्र माना जाता है। प्रधानमंत्री संघीय सरकार की वैधानिक नीतियों को निर्धारित करता है। शासन के अधिकांश निर्णय और नीति-निर्धारण में प्रधानमंत्री का अहम स्थान होता है। [69] प्रधानमंत्री का व्यक्तित्व भारतीय संविधान के बाहर का वह तत्व है, जो एकात्मकता को निर्धारित करता है। प्रधानमंत्री वास्तविक कार्यपालक होने के कारण केन्द्र सरकार पर उसका पूर्णनियंत्रण रहता है। वह केन्द्र सरकार के साथ-साथ संपूर्ण राष्ट्रीय राजनीति में सर्वेसर्वा हो जाता है।

भारत के भूतपूर्व प्रधानमंत्री जवाहरलाल नेहरू, लालबहादुर शास्त्री, श्रीमती इंदिरा गाँधी राजीव गाँधी और नरेन्द्र मोदी ऐसे ही विलक्षण व्यक्तित्व के धनी थे। एकदलीय सरकार के दौर में प्रधानमंत्रियों की स्थिति काफी शक्तिशाली रही थी। प्रधानमंत्री का पदक भी-कभी इतना शक्तिशाली हो गया कि मुख्यमंत्रियों की नियुक्तियाँ उनकी व्यक्तिगत इच्छा से होती थी। [70] एकदलीय सरकार के दौरान अर्थात् 1952-1967, 1971-1977 और 1980-1989 में प्रधानमंत्रियों की स्थिति अधिक मजबूत सुदृढ़ तथा शक्ति सम्पन्न रही थी। इस दौर में केन्द्र सरकार का राज्यों पर वर्चस्व देखा जा सकता है।

राज्यों में केन्द्र सरकार द्वारा हस्तक्षेप -

1960 के दशक के बीच कांग्रेस के वर्चस्व में कुछ हद तक कमी आई तथा अनेक राज्यों में विरोधी दल सत्ता में आए। इससे राज्यों की और अधिक शक्ति व स्वायत्तता की मांग बलवती हुई। केन्द्र और राज्यों में भिन्न-भिन्न दल सत्ता में होने के कारण ये मांगे उठने लगी थी। राज्यों ने केन्द्र की कांग्रेस सरकार के अवांछनीय हस्तक्षेप का विरोध प्रारम्भ कर दिया। कांग्रेस के लिए भी विरोधी दलों द्वारा शासित राज्यों से संबंधों के तालमेल की बात पहले की तरह आसान नही रही। अतः संघीय व्यवस्था के अन्दर स्वायत्तता की अवधारणा को लेकर वाद-विवाद होते रहे हैं।

संविधान के अनुसार अन्तर्राज्यीय व्यापार का नियमन करने की शक्ति केन्द्र को प्राप्त है। राष्ट्रीय तथा स्थानीय राज्यों के हितों को लेकर केन्द्र कभी-कभी हस्तक्षेप करती है। इस

हस्तक्षेप के कारण कई बार केन्द्र-राज्य संबंधों में टकराव व तनाव का वातावरण निर्मित हो जाता है। उदाहरणार्थ खाद्य नीति (राज्यसूचि का विषय) पर केन्द्र का हस्तक्षेप किये जाने पर पंजाब ने अपनी नाराजगी जताई। 1969 में केन्द्रीय सरकार ने गेहूं के संबंध में प्रचलित एक राज्य क्षेत्र नीति के स्थान पर आठ राज्यीय क्षेत्र को अपनाने की घोषणा की। जिसे पंजाब ने पसंद नही किया।[71]

कानून और व्यवस्था के मसलों पर राज्यों को केन्द्रीय निर्देशों का पालन करना बाध्यकारी होता है।जब राज्य की सीमा के अन्तर्गत केन्द्रीय सरकार की सम्पत्ति की सुरक्षा राज्य सरकार न कर सके तो केन्द्र द्वारा केन्द्रीय पुलिस बलों को राज्य में तैनात करने की शक्ति का तमिलनाडु, केरल, पश्चिम बंगाल सरकार ने केन्द्र की इस शक्ति पर आपत्ति उठायी। 1968 में केन्द्रीय कर्मचारियों की हड़ताल का सामान करने के लिए केन्द्रीय सरकार ने राज्यों को अध्यादेश द्वारा वांछित निर्देश प्रदान किए। केरल की साम्यवादी सरकार ने केन्द्रीय अध्यादेश को संविधान विरोधी और श्रमिक विरोध कहकर उसे मानने से इन्कार कर दिया। ऐसी गंभीर स्थिति में जब राज्य में केन्द्रीय रिजर्व पुलिस तैनात की गयी तो केन्द्र-राज्य संबंध का उग्रतम रूप उभरने लगा। मुख्यमंत्री नम्बूदरीपाद ने आरोप लगाया कि राज्य में केन्द्रीय बल का आगमन राज्य के आन्तरिक मामलों में सरासर हस्तक्षेप है।[72]

उपरोक्त उल्लेखित तथ्यों के आधार पर एकदलीय सरकार की निम्नविशेषताएं मानी जा सकती हैं-

व्यक्तित्व पूजा अर्थात् नेतृत्व को अधिक महत्व दिया जाना -

भारत की राजनीति हमेशा से वैयक्तिक नेतृत्व या नायक पूजा पर आधारित रही है। यहाँ व्यक्ति पूजा को प्राथमिकता दी जाती रही है।एकदलीय सरकार के दौर में सामूहिक नेतृत्व की भावना के स्थान पर व्यक्ति विशेष के व्यक्तित्व की श्रेष्ठता को स्वीकार कर लिया गया था। दल के नेता की तुलना में अन्य नेताओं का महत्व काफी कम देखने को मिलता है।ये व्यक्ति राष्ट्रीय स्तर पर ख्याति प्राप्त व्यक्ति रहे जिन्होंने अपने व्यक्तिगत करिश्मे और उपलब्धियों के आधार पर चुनकर संसद में आये।तथा संसद का प्रधानमंत्री चयन का कार्य मात्र औपचारिक रहा। 1952, 1957, 1962 के आम चुनाव के बाद प. जवाहरलाल नेहरू और 1971 एवं 1980 के निर्वाचन के बाद श्रीमती इंदिरा गाँधी, दिसंबर 1984 में राजीव गाँधी तथा 2019 में नरेन्द्र मोदी के निर्वाचन में संसदीय दलने केवल प्रधानमंत्री के चयन में औपचारिकता की परिपूर्ति मात्र की थी।[73]

एकदलीय राजनीति वैयक्तिक नेतृत्व पर आधारित रही और व्यक्तियों के आधार पर दलों के बनने, बिगड़ने का क्रम चलता रहा है।भारतीय राजनीति के सर्वप्रमुख दल या शासक दल (कांग्रेस) में सामान्यता एक ही व्यक्ति को सर्वोच्च स्थिति प्राप्त रही। 1951 से 1964 के मध्य तक पं. जवाहरलाल नेहरू को यह स्थिति प्राप्त थी और बाद में 1970 से 1980 तक में श्रीमती गाँधी द्वारा इस स्थिति को प्राप्त कर लिया गया था। दिसंबर 1984 के चुनाव के पश्चात राजीव गाँधी की प्रभावक भूमिका उभरी। [74] 2014 के बाद की बदलती हुई

परिस्थियों में मोदी लहर का प्रभाव बढ़ता हुआ स्पष्ट देखा जा सकता है।

राजीव गाँधी के सामने पंजाब की समस्या थी। इस समस्या के समाधान के लिए एक समिति का गठन किया गया।जिसमें तय हुआ कि चण्डीगढ़ पंजाब को दे दिया जाए, पंजाब के हिन्दी भाषी लोग हरियाणा को दे दिये जाए।पंजाब के हिन्दी भाषी क्षेत्र का निर्धारण भाषा के आधार पर किया जाना निश्चित किया गया।एकदलीय सरकार के समय कई महत्वपूर्ण निर्णय लिए गए जिनमें दो बड़े निर्णय 14 प्राइवेट बैंकों का राष्ट्रीयकरण और दूसरा राजा महाराजाओं को मिलने वाले पेंशन को खत्म करने का फैसला, जिसे प्रिवीपर्स के नाम से जाना जाता है।

एकदलीय सरकार के दौर में राजनीतिक स्थिरता -

जब केन्द्र और राज्यों में एक ही दल की सरकारें होती है, तो संघीय व्यवस्था व्यावहारिक रूप में एकात्मक प्रणाली में बदल जाती है। स्वतंत्रता के बाद से 1967 तक की कालावधि में आमतौर से केन्द्र व राज्यों में कांग्रेस का ही एकछत्र राज रहा।अतःभारतीय शासन एकात्मक व्यवस्था के रूप में कार्य करता रहा। राज्यों में सरकारों के निर्माण और उनकी मूलभूत नीतियों के निर्धारण आदि में कांग्रेस की महत्वपूर्ण भूमिका रही। जैसे कि संसद और राज्य विधानसभाओं के प्रत्याशियों के चयन, राज्यों में मंत्रिमण्डल के निर्माण, मुख्यमंत्री के चयन और प्रादेशिक कांग्रेसी नेताओं के बीच झगड़ों को तय करने में कांग्रेस के केन्द्रीय नेतृत्व या दलीय स्तर के नेतृत्व ने महत्वपूर्ण भूमिका निभाई। [75]

सशक्त विपक्ष का अभाव -

एकदलीय सरकारों के दौर में सशक्त विपक्ष का अभाव रहा।भारत में बहुदलीय व्यवस्था के कारण सदैव एक संगठित विरोधी दल का अभाव रहा है। 1952 से 1976 तक सशक्त विरोधीदल का अभाव रहा।वर्तमान सरकार के दौर में भी एकशक्तिशाली विपक्ष की कमी महसूस की जा सकती है।

निष्कर्ष के रूप में कहा जा सकता है कि एकदलीय सरकार में राजनीतिक स्थिरता, केन्द्र की शक्तिशाली स्थिति, प्रधानमंत्री की दल व सरकार में उच्चस्थिति तथा केन्द्र-राज्य संबंधों में न्यूनतम विवाद देखे गए।

[1]देखिए क्र. (11), पृ.195

[2]देखिए क्र. (6), पृ.272

[3]डॉ. राजकुमार- ''शासन और राजनीति', अर्जुन पब्लिशिंग हाउस, नईदिल्ली, 2006,पृ.136

[4]सुभाष काश्यप- ''भारतीय राजनीति और संसद, विपथ की भूमिका', नईदिल्ली, 1998, पृ. 85

[5]पी.के.दिववेदी- ''राजनीतिक प्रणाली तथा राष्ट्रवाद की अवधारणा',सुमित इन्टरप्राइज़ेज, नईदिल्ली, 2014, पृ.287

[6]डॉ..एस. वाधवा- ''भारतीय राजनीति और प्रशासन'', अर्जुन पब्लिशिंग हाउस, दिल्ली, 2006, पृ. 337

[7]डॉ.श्रीमतीराजेश जैन, डालचन्द जैन- ''भारतीय राजनीति के आयाम'' कॉलेज बुक डीपो, जयपुर, 2008, पृ. 235

[8]महेन्द्रप्रसादसिंह, हिमांशुराय- ''भारतीय राजनीतिक प्रणाली संरचना नीति और विकास'', हिंदी माध्यम कार्यान्वय निदेशालय, दिल्ली, 2013, पृ. 417-418

[9]शैलेन्द्र सेंगर- ''दलीयव्यवस्था तथा रातनीतिक प्रक्रिया'', पुष्पांजलि प्रकाशन, दिल्ली, 2008, पृ. 70

[10]डॉ. महावीरप्रसाद मोदी- ''भारतीय संसदीय शासन प्रणाली में प्रतिपक्ष'',मध्यप्रदेश विधानसभा सचिवालय की त्रैमासी शोध पत्रिका, अंक3, सितंबर, 2008, पृ, 26

[11]सतीशचन्द्र मित्तल- ''कांग्रेस भक्ति से राजसत्ता तक'', अखिल भारतीय इतिहास संकलन योजना बाबासाहेब आप्टे भवन, नईदिल्ली, 2011, पृ. 148

[12]Loksbha Chunav Ka Itihaas, accessed on 01/10/2018 at 4PM, URL: https://hi.m.wikipedia.org/wiki/

[13] Loksbha Chunav, accessed on 20/04/2022 at 4PM, URL: https://navbharattimes.indiatimes.com/loksabha-2014/election-results-2014/articleshow/35250235.cms?mintiv=true

[14]प्रो.धर्मचन्द जैन- ''भारतीय लोकतंत्र''प्रिंटवैल पब्लिशर्स, जयपुर, 2000, पृ. 152

[15]अमिताभ मिश्रा- ''भारत में गैरकांग्रेसी सरकारें उत्तरप्रदेश के परिप्रेक्ष में तुलनात्मक अध्ययन'', मानक पब्लिकेशन, दिल्ली, 2005, पृ. 35

[16] Bhartiy Chuav (online web)- accessed on 5/8/2018 at 5pmURL:https://googlewebligh.com/i?u= https://hi.m.wikipedia.org

[17]औमप्रकाश पंवार- ''गठबंधन सरकारें एवं राष्ट्रपति की भूमिका (1908-2009)'', ज्ञान पब्लिशिंग, नईदिल्ली,2014, वृ.89

[18]डॉ.शशिभूषण कुमार- ''भारतीय संघवाद केन्द्र-राज्य संबंध'', जानकी प्रकाशन, पटना, 2009, पृ. 29

[19]देखिए क्र.(19), पृ. 144

[20]प्रो. धर्मचन्द जैन- ''भारत में संसदीय राजनीति भाग-1'', आरबीएसए पब्लिशर्स, जयपुर, 2024 पृ. 78

[21]डॉ. अमरजीतसिंह नारंग- ''भारतीय शासन एवं राजनीति'', गीतांजलिप ब्लिशिंग हाउस, नईदिल्ली, 2004, पृ. 387

[22]देखिए क्र. (26), पृ. 14

[23]सरला मलिक- ''भारतीय प्रशासन'', हरियाणा अकादमी, चण्डीगढ़,1997, पृ. 190

[24]देखिए क्र. (11), पृ. 101-102

[25]डी.सी.गुप्ता- "भारतीय शासन एवं राजनीति‚ विकास पब्लिशिंग, जालंधर, 1982, पृ. 513

[26]डॉ.गौतम वीर- "भारत में राज्यों की राजनीति‚ ओमेगा पब्लिकेशन्स, नईदिल्ली, 2009, पृ. 63

[27]वही पृ. 65

[28]देखिए क्र. (26), पृ.15

[29]देखिए क्र. (11), पृ.102

[30]Accessed on 19/04/2022 at 5PM, URL: https://zeenews.india/6/-years-of-modi-government-6-biggest-achievements-of-pm-narendra-modi-which-changed-india-completely/688445

[31]यू.आर.घई., के.के. घई- "भारतीय राजनीतिक व्यवस्था‚ न्यूएकेडमिक पब्लिशिंग कम्पनी, जालन्धर, 2005, पृ. 86-88

[32]सुधीर पाण्डे- "प्रमुख राजनीतिक व्यवस्थाएँ: राजनीति कोष‚ हिन्दी माध्यम कार्यान्वय निदेशालय विश्वविद्यालय, दिल्ली, 2011, पृ. 244

[33]देखिए क्र. (115), पृ. 85

[34]प्रो. धर्मचन्द जैन- "केन्द्र राज्य संबंध संस्थाओं की भूमिका‚श्याम प्रकाशन, जयपुर, 1999,पृ. 96

[35]वही,पृ. 100

[36]वही,पृ. 107

[37]वही, पृ.20

[38]वही, पृ. 28

[39]देखिए क्र. (71), पृ.33

[40]डॉ.प्रियंका गुरु, डॉ.श्रीमतीशांति श्रीवास्तव-"भारतीय राष्ट्रीय कांग्रेस पार्टी:विघटन का इतिहास‚ अमन प्रकाशन, सागर, 2005, पृ. 127

[41]देखिए क्र. (11), पृ.102

[42]Nanhe sipahi 30/05/2017, 01:05PM, to kya JP nahi the emergency ki asali vajah, accessed on 05/10/2018 at 2:50PM, URL: http://www.nanhesipahi.com/purani-baatein/indira-gandhi-emergency-reasons-51/

[43]Aajtak, 05/12/2014, sanvidhan me kiye gaye pramukh sanshodhan, accessed on 07/12/2018 at 7.20PM, URL: https://m.aajtak.in/general-knowledge -in-hindi/indian-constitution-political-science-civics-general-knowledge-in-hindi/story/general-knowledge-political-science-know-about-the-major-amendments-to-the-constitution

[44]Rahul kotiyal, 26/06/2018, sanvidhan sanshodhan jisne desh sse gantantra or loktantra hone ka adhikar chin liya tha, accessed on 10/10/2018

at 9PM, URL: https://satyagrah.scroll.in/article/1286/indian-contitution-controversial-and-damaging-amendments

[45]Ruchira, 27/12/2017, fourty second amendment, accessed on 01/05/2018 at 9pmURL:https//www.

[46]डॉ. चंचल कुमार- "श्रीमती इन्दिरा गांधी और कांग्रेस का समाजवाद (1967 से1977 तक उनकी नीतियाँ तथा उपलब्धियाँ)", साहित्यसंचय, दिल्ली, 2014, पृ. 245-246

[47]डॉ. के.सी.जैन-"भारत के प्रधानमंत्री", यूनिवर्सिटी पब्लिकेशन, नईदिल्ली, 2008, पृ. 78

[48]Reshma13/10/2014 Ragyo ke purangathan se judi mahatvapurna jankari or tathya, accessed on 11/09/2018, at 11PM,URL:https://m.aajtak.In/general-knowledge-in-hindi/Indian-constitution-political-science-civics-general-knowledge- political-science-reoganization-of-states-782350-2014-10-13

[49]देखिएक्र.(118), पृ. 40

[50] Jammu Kashmir punrgathan adhiniyam,2019accessed on 09/04/2022, at 11PM,,URL: http:// hi.m.wikipedia.org/wiki/%E0%A4%9C%E0%A4%AE%E0% A5%8D%

[51]ओ.पी.गोयल-"भारत शासन एवं राजनीति"लाइट एण्ड लाईफ पब्लिशर्स, नईदिल्ली, 1979, पृ. 240-241

[52]धर्मचन्दजैन-"राज्यों में राष्ट्रपति शासन एक विश्लेषणात्मक अध्ययन"आरबीएसए पब्लिशर्स, जयपुर, 2004, पृ. 338

[53]के.एल.कमल-"डेमोक्रेटिक पॉलिटिकल इन इण्डिया", विली इस्टर्न लिमिटेड, नईदिल्ली, 1984, पृ.43

[54]Rashtrapati shasan, accessed on 08/02/2018 at 5.30PM, URL:https://hi.m.wikipediea.org

[55]Emergency provisions, 02/09/2015, accessed on 08/02/2018 at 6PM, URL:http://www. vivacepanorma.com/emergency-provisions/

[56]Jansatta, 14/07/2016, indira ne sabse jyada 50bar lagaya tha rashtapti shasan, tin me se do bar ulta pada modi ka dav, accsssed on 12/10/2018 at 4.30PM, URL: http://www.jansatta.com/national/president-rule-in-indian-history/119903/lite/

[57]Dinesh Agrahari 18/05/2018, Nehru se shuruaat, congress ne boi thi rajyapal ki fasal, accessed on25/12/2018 at4PM,URL: https:aajtak.intoday.in/story/congress-itself-started-wrong-tradition-using-governors-dat-1-1003793

[58]डॉ. डी.डी.बसु- "भारत का संविधान एक परिचय", वाधवा एण्ड कंपनी, नागपुर, 2001, पृ. 321

[59]देखिएक्र. (3), पृ. 165

[60]डॉ. स्मिता जायसवाल-"संविधान की आत्मा:अनुच्छेद 32", ज्ञानदा प्रकाशन, नईदिल्ली, 2008, पृ. 125

[61]देखिए क्र. (22), पृ.113-114

[62]देखिए क्र. (22), पृ. 119

[63] Ajit Kumar Tiwari, aapatkal bharatiy itihas ka kala sach, accessed on 08/02/2018 at 5PM

URL:https://hi.m.wikipediea.org

[64]देखिए क्र. (22), पृ. 114

[65]विपिनचन्द्र- "आजादी के बाद का भारत(1947-2007)", हिन्दी माध्यम कार्यान्वयन निदेशालय, दिल्ली, 2009, पृ. 135-138

[66]देखिए क्र. (26), पृ. 63

[67]देखिए क्र (3), पृ. 187

[68]देखिए क्र. (26), पृ. 64

[69]शैलेन्द्र सेंगर- "भारतीय प्रशासन बदलते आयाम"कविता बुक सेंटर, दिल्ली, 2008 पृ. 96

[70]देखिए क्र. (11), पृ.99

[71]देखिए क्र. (74), पृ. 21

[72]देखिएक्र. (68), पृ.96-97

[73]देखिए क्र. (3), पृ. 293

[74]देखिए क्र. (3), पृ. पृ.418

[75]माधवानन्द सारस्वत-"भारत के प्रधानमंत्री", प्रियंका प्रकाशन, जयपुर, 2010, पृ. 98-99

4

केन्द्र में गठबंधन सरकारें और केन्द्र-राज्य संबंध

गठबंधन सरकारः-

'गठबंधन सरकार' यह शब्द 'कोलिशन' (coalition) लेटिन भाषा के 'कोलिशियों शब्द से बना है। जिसकी उत्पत्ति कोलसरे (coalesare) नामक शब्द से हुई। वर्तमान समय में गठबंधन शब्द इसलिये आम हो गया है कि इसका प्रयोग विदेशों व भारत में साझा सरकारों के गठन के रूप में प्रचलित है। गठबंधन सरकार राजनीतिक समुदायों अथवा शक्तियों का गठजोड़ है, जो अस्थायी तथा कुछ विशिष्ट प्रयोजनों के लिए होता है। सामान्यतः इस शब्द का प्रयोग उन राजनीतिक दलो के संदर्भ में होता है, जो संसदीय या निर्वाचन के प्रयोजनों के लिए आपस में मिल जाते हैं।[1]

गठबंधन वास्तव में एक सहमिलन है, एक सुविधा का रास्ता है, जो समझौतों से होकर गुजरता है।गठबंधन की संस्कृति में न तो एकदल का एकाधिकार चलता है और नही किसी व्यक्ति विशेष या नेतृत्व की इच्छा ही सर्वोपरि होती है।यह तो एक मध्यम मार्ग की प्रक्रिया है जिसमें सभी दल अपना-अपना हित साधने की राजनीति करते है।जिस दल के अधिक सदस्य गठबंधन में शामिल होते हैं वह दूसरे पर उतना ही हावी होने की कोशिश करता है। [2] बहुदलीय पद्धति में मिली-जुली सरकारें उस समय आवश्यक बन जाती है जब कोई राजनीतिक दल व्यवस्थापिका में स्पष्ट बहुमत प्राप्त नही कर पाता है। तब कई दल मिलकर मिली-जुली सरकार बनाते हैं। जिसे गठबंधन सरकार, संविदा सरकार, संप्रक्त सरकार, साझासरकार अथवा अन्य नामों से भी जाना जाता है।[3]

गठबंधन सरकार से तात्पर्य है निर्वाचन से पूर्व या निर्वाचन के पश्चात एक से अधिक राजनीतिक दलों के निर्वाचित जन प्रतिनिधियों द्वारा संगठित होकर बनायी गयी सरकार से है, चाहे वह दल प्रत्यक्षरूपसे सरकार में सम्मिलित हो या अप्रत्यक्षरूपसे बाह्य समर्थन दे रहा हो।[4] साझा सरकार, साझाराजनीति से अलग है। साझाराजनीति चुनावों के पहले, चुनावों के दौरान और चुनाव के बाद भी हो सकती है। जब एक या अधिक दल अपने-

अपने अस्तित्व को कायम रखते हुए किसी उद्देश्य के लिए समझौता करते हैं तो यह साझाराजनीति कहलाती हैं। यह समझौता प्रायःचुनावों को ध्यान में रखकर किया जाता है।परन्तु जब ये ही दल या अन्य दल जो साझाराजनीति में सम्मिलित हो या न हो, जब सरकार में शामिल हो जाते हैं और सरकार का निर्माण करते हैं, तो उसे साझा या गठबंधन सरकार कहा जाता है।[5]

गठबंधन सरकार क्यों जरूरीः -

राजनीतिक दलों की बहुलता के फलस्वरूप किसी एक राजनीतिक दल को बहुमत प्राप्त नही हो पाता।अतः गठबंधन सरकार का निर्माण आवश्यक हो जाता है। भाषायी या क्षेत्रीय आधार पर छोटे-छोटे राजनीतिक दलों के उदय ने भी गठबंधन सरकार के निर्माण में अपनी महती भूमिका निभाई है। हमारे देश में संसदीय लोकतंत्रात्मक प्रणाली है।संसदीय लोकतंत्र में सरकारों का गठन दलगत आधारों पर होता है अर्थात्ब हुमत प्राप्त दल द्वारा सरकार का गठन किया जाता है और इस प्रकार शासन व्यवस्था लोक प्रतिनिधित्व के माध्यम से चलायी जाती है।आमचुनाव के फलस्वरूप जनप्रतिनिधियों में से बहुमत प्राप्त दल को सरकार बनाने का अवसर दिया जाता है लेकिन किसी भी दल को स्पष्ट बहुमत प्राप्त न होने की दशा में भी कई दल मिलकर गठबंधन की सरकार बना सकते हैं। विभिन्न दल सरकार में शामिल हुए बिना भी बाहर से समर्थन दे सकते हैं।गठबंधन की सरकार आज देश के लिए जरूरी हो गई है। क्योंकि-

1. राष्ट्रीय दलों की कम संख्या - राष्ट्रीय दलों की संख्या कम है। इसके अतिरिक्त क्षेत्र, भाषा, धर्म तथा जाति के आधार पर गुटबंदी निर्वाचनों में बहुमत प्राप्त करने में बाधक तत्व हैं।

2. चुनाव से बचने के लिए - निर्वाचन में किसी दल को बहुमत न मिलने और दलों में आपसी गठबंधन भी न बनपाने के कारण छःमहीने में पुनःचुनाव आवश्यक हो जाता है।अतः चुनावी बोझ देश को सहना न पड़े इसलिए भी गठबंधन की सरकार का गठन आवश्यक हो जाता है।

3. क्षेत्रीय विकास के लिए - क्षेत्रीय राजनीतिक दलों के लिए आवश्यक हो जाता है कि वह किसी बड़े दल से गठबंधन करके वह अपने क्षेत्र का विकास कार्य करें।

4. संसदीय स्थिरता व उत्तरदायित्व -सुव्यवस्थित शासन के लिए संसदीय स्थिरता व उत्तरदायित्व दोनों ही महत्वपूर्ण है।वर्तमान समय में कई दल मिलकर एक न्यूनतम साझा कार्यक्रम तैयार कर लेते हैं और इस प्रकार गठबंधन की सरकार से स्थिरता एवं उत्तरदायित्व की अपेक्षा की जाती है[6]।

5. क्षेत्रीय दलों का बढ़ता हुआ प्रभाव - वर्तमान समय राजनैतिक अस्थिरता का चल रहा है। पूरे देश में धीरे-धीरे राज्यस्तरीय एवं क्षेत्रीय राजनीतिक दलों का गठन हो गया है। जिनका क्षेत्रीय स्तर पर व्यापक प्रभाव है।क्योंकि क्षेत्रीय दल राज्यस्तरीय व स्थानीय

मुद्दों में गहराई से जुड़े होते हैं।अतः उनका जनाधार राष्ट्रीय दलों की तुलना में अधिक व्यापक होता है।

गठबंधन की राजनीति में संभवतः विचारधारा का क्षरण हुआ है।तथा इसके स्थान पर धार्मिक व क्षेत्रीय भावनाएं और जातिवाद का प्रभाव बढ़ा है। इसके साथ ही दलों में व्यक्तिवाद, वंशवाद, तदर्थवाद और व्यापार के ढंग से राजनीति को चलाने की मानसिकता ने सांझा सरकारों का निर्माण आवश्यक बना दिया है।एकदलीय सरकार के बाद गठबंधन सरकार राजनीतिकि जरूरत बन कर उभरी।[7]

गठबंधन सरकार की विशेषताएं या लक्षण:-

अस्थिर सरकारें -

गठबंधन राजनीति के अन्तर्गत कई राजनीतिक दल मिलकर अपना अलग-अलग अस्तित्व कायम रखते हुए सरकार में शामिल होना चाहते हैं।गठबंधन सरकार में सम्मिलित घटक दलों के आपस में मतभेद उत्पन्न हो जाते हैं और इन मतभेदों के चलते गठबंधन सरकार का पतन हो सकता है। 1967 में उत्तरप्रदेश में चरणसिंह के नेतृत्व में बनी मिली-जुली (गठ बंधन) सरकार, पंजाब में अकाली दल और जनसंघ की मिली-जुली सरकार, हरियाणा में राविवरेन्द्रसिंह की सरकार तथा उत्तरप्रदेश में भाजपा और बहुजन समाज पार्टी के नेतृत्व में बनी मिली-जुली सरकार का समय से पूर्व ही पतन हो गया था। वर्ष 1967 तथा उसके बाद राज्यों में मिली-जुली सरकारें बनने के पश्चात्अ स्थिरता एवं दल-बदल की प्रवृति को गंभीर प्रोत्साहन मिला, जिसे दल-बदल विरोधी विधेयक के द्वारा एक निश्चित सीमा तक रोका जा सकता है। 1977, 1989, 1996, 1998, 1999, 2004 व 2009 में केंद्र में भी मिली-जुली सरकारें बनी।अभी तक इस प्रकार से बनी सरकारें अस्थिर ही रही हैं जिनके परिणामस्वरूप लोकसभा के मध्यावधि चुनाव बार-बार होते रहे हैं। 1967 से 2005 तक के चुनावों में समय समय हरियाणा, राजस्थान, उत्तरप्रदेश, मध्यप्रदेश, केरल, उड़ीसा, पश्चिमबंगाल, बिहार, कर्नाटक, महाराष्ट्र, झारखण्ड तथा जम्मू-कश्मीर राज्यों में मिली-जुली राजनीति पर आधारित सरकारें रही।

कांग्रेस विरोधी राजनीति -

मिली-जुली राजनीति का प्रारंभ एक विशेष उद्देश्य को लेकर हुआ था।इनका उद्देश्य कांग्रेस दल से सत्ता छीनना और उसके राजनीतिक एकाधिकार को समाप्त करना था। देश के विरोधी दलों के पास कांग्रेस दल का विरोध करना ही एकमात्र सिद्धांत था। 1993 के चुनावों में पांच राज्यों में हुए विधानसभा चुनावों में कांग्रेस के विरोध के स्थान पर 'भाजपा के विरोध' की राजनीति सामने आई। 1996 एवं 1998 के लोकसभा चुनाव विपक्षी दलों एवं कांग्रेस ने 'भाजपा एवं साम्प्रदायिकता' के विरोध के नाम पर लड़े थे। 1999 के लोकसभा चुनावों में अनेक क्षेत्रीय दलों ने भाजपा के साथ चुनावी गठबंधन कर चुनाव लड़ा था। तथा फरवरी 2002 में चार राज्यों के विधानसभा चुनावों में भी 'साम्प्रदायिकता' का एक प्रमुख मुद्दा रहा

था।वर्तमान में चुनावी परिदृश्य क्षेत्रीय दलों, भाजपा और कांग्रेस के बीच साम्प्रदायिकता और धर्म-निरपेक्षता के मुद्दों पर गर्माता भी रहता है।

राजनीति में ध्रुवीकरण और सुविधाभोगी तत्व -

मिली-जुली या गठबंधन की राजनीति को सुविधा और सत्ताभोग की राजनीति कहा जा सकता है।क्योंकि इस राजनीति का प्रारंभ किसी राजनीतिक सिद्धांत अथवा दृष्टिकोण के अन्तर्गत नहीं हुआ था। इसका एकमात्र ध्येय केवल कांग्रेस से सत्ता छीनना रहा।इसी कारण से मिली-जुली सरकारों में एक साथ उग्र वामपंथी और दक्षिण पंथी पाए जा सकते हैं।

संसदीय प्रणाली के सिद्धान्तों को ताक पर रखना -

भारत में राज्यों तथा केन्द्र में बनी गठबंधन सरकारों ने संसदीय शासन प्रणाली के सिद्धान्तों व नियमों को ताक में रख दिया।इसमें एक मंत्री दूसरे मंत्री की आलोचना करता रहता है और सत्तारूढ़ सरकार का घटक एक दल ही अपनी सरकार का मजाक उड़ाता रहता है। विनिवेश के मुद्दे तथा अन्य मुद्दों पर केन्द्र सरकार के बारे में सितंबर-अक्टूबर 2002 में केन्द्रीय मंत्रियों के बयानों ने इस बात को उजागर किया है। 1993 के चुनाव के बाद उत्तर प्रदेश में बसपा और समाजवादी पार्टी की गठबंधन सरकार बनी।उस समय समाजवादी पार्टी के नेता की बहुजन समाज पार्टी के नेता निरंतर आलोचना करते रहते थे। जुलाई, 1994 में कांशीराम ने मुलायम सिंह से समर्थन वापस लेने की धमकी तक देदी थी। 1996 एवं 1998 के संयुक्त मोर्चा तथा भाजपा नीत सरकार तथा संयुक्त प्रगतिशील गठबंधन की सरकार में भी यही प्रवृति देखी जा सकती है।

गठबंधन में मुख्यमंत्री एवं प्रधानमंत्री पद का पतन -

गठबंधन की राजनीति के खेल में मुख्यमंत्री का चयन दलीय नेताओं के द्वारा काफी जोड़-तोड़ के बाद ही हो पाता है।उपमुख्यमंत्री पद की भी गैरसांविधानिक व्यवस्था की जाती है ताकि सरकार में तालमेल बैठाया जासके।मंत्रिमण्डल के लिए मंत्रियों और सरकार के आकार का निश्चय भी मुख्यमंत्री के हाथ में नही रह पाता।मुख्यमंत्री को अपने पद को बचाने के लिए घटक दलों की बातों को मानना पड़ता है। इस प्रकार मुख्यमंत्री का पद कठपुतली जैसा बन जाता है।[8] इसी तरह प्रधानमंत्री का भी पद घटक दलों के समर्थन पर निर्भर रहता है। प्रधानमंत्री को राष्ट्र का नेता माना जाता है।किसी भी प्रकार के संकट की स्थिति में समूचा राष्ट्र प्रधानमंत्री की ओर आशा भरी नजर से देखता है तथा उसके निर्णयों और घोषणाओं का उत्सुकता से इन्तजार किया जाता है।विदेशों में की गई प्रधानमंत्री की घोषणाएं पूरे राष्ट्र का दृष्टिकोण प्रस्तुत करती है।इस प्रकार प्रधानमंत्री का पद अत्यन्त गौरवशाली माना जाता है। लेकिन गठबंधन सरकारों के प्रचलन से प्रधानमंत्री के पद की गरिमा का पतन हुआ है।शासन के प्रत्येक कार्य में प्रधानमंत्री की विवशता प्रत्यक्षरूप से देखी जा सकती है ।इस बात को स्वयं प्रधानमंत्री अटलबिहारी वाजपेयी ने अपनी पुस्तक 'मेरी संसदीय यात्रा' में स्वीकार करते हुए कहा है कि गठबंधन सरकार बनाना बहुत सरल है, लेकिन इसे चलाना बहुत कठिन कार्य है। राष्ट्रीय नेता के रूप में भी प्रधानमंत्री की स्थिति

धूमिल हुई। उसके समस्त निर्णय विवशता एवं दबाव में लिये जाते हैं। [9] प्रधानमंत्री मनमोहन सिंह की स्थिति पर कमजोर और रिमोर्ट कंट्रोल प्रधानमंत्री होने के आरोप लगाए गए।उन्हें स्वतंत्र निर्णय लेने की छूट नहीं थी।इस बात के कई उदाहरण है जिन मौकों पर प्रधानमंत्री से ज्यादा कांग्रेस अध्यक्ष की स्थिति शक्तिशाली हो गई थी। गठबंधन की राजनीति में प्रधानमंत्री संस्था का क्षरण हुआ है।

संयुक्त मोर्चा सरकार में रहे प्रधानमंत्रियों को वामपंथी और कांग्रेस के नेताओं की धमकियों का सामना करना पड़ा।वही दूसरी ओर कई क्षेत्रीय दल उनपर अपना दबाव बनाते रहे। भाजपा नीत सरकार के प्रधानमंत्री अटलबिहारी वाजपेयी पर अन्नाद्रमुक, तृणमुल कांग्रेस, शिवसेना आदि का दबाव बना रहा।[10]

गठबंधन सरकार को गठबंधन में शामिल दलों के दबाव में रहना पड़ता है।प्रधानमंत्री गठबंधन में न तो मंत्रिमंडल का स्वतंत्र रूपसे निर्माण कर सकता है और नही मंत्रिमण्डल में किसी तरह के फेरबदल करने से संबधीत निर्णय लेने में सक्षम होता है।उसे प्रत्येक कदम पर गठबंधन में शामिल दलों से सलाह मशविरा करना पड़ता है।राजनीतिक निर्णय की शक्ति मंत्रिमंडल से हस्तान्तरित होकर "संविधानेत्तरदलीय समन्वय समिति" के हाथों में केन्द्रित हो जाती है।प्रधानमंत्री के विशेषाधिकारों को ग्रहण लग जाता है। उसकी स्थिति नीति-नियामक के स्थान पर "समझौता समन्वयक" के जैसी बन जाती है।[11]

मंत्रिमंडल के महत्व का पतन -

गठबंधन की राजनीति ने राज्यों में निर्णय लेने की प्रक्रिया को भी काफी प्रभावित किया है।इससे राज्यों के मंत्रिमण्डलों के महत्व में कमी आई है। गठबंधन सरकारों के महत्वपूर्ण निर्णय संविदा के घटक दलों द्वारा लिये जाते हैं।तथा मंत्रिमण्डल का काम मात्र उन निर्णयों की पुष्टी करने तक सीमित रह जाता है।इस प्रकार राज्यों के मंत्रिमण्डलों की स्थिति एक पुष्टी करने वाले निकाय के रूप में रह जाती है। मंत्रिमण्डल राज्य का हो या केन्द्र का गठबंधन सरकार के दौरान उसके महत्व में कमी आ जाती है ।[12]

प्रधानमंत्री सैद्धांतिक रूपसे अपने मंत्रिमंडल का गठन करने केलिए स्वतंत्र है और इसी प्रकार मंत्रालयों के वितरण के बारे में भी स्वतंत्र होता है, परन्तु वास्तव में उसे विभिन्न दलों के प्रमुख राजनीतिक नेताओं के विचारों को ध्यान में रखकर कार्य करना होता है। घटक दलों को उनकी संख्या के अनुपात से अधिक प्रतिनिधित्व दिया जाता है।ऐसी स्थिति में मंत्रियों एवं मंत्रालयों की संख्या बढ़ती रहती है और अनुत्पादक व्यय भी बढ़ जाते हैं।मंत्रिमंडल स्तर पर लिये गये निर्णय स्थिर नही माने जा सकते क्योंकि दलों के दबाव एवं राजनीतिक वास्तविकता को देखते हुये उनमें परिवर्तन करना ही पड़ता है। बार-बार पुनर्विचार से निर्णयों में स्थिरता नही रहती। गठबंधन सरकार में बहुत से प्रगतिशील कार्य या तो आरंभ ही नही हो पाते या बीच में ही रूक जाते हैं।आर्थिक सुधारों की गति भी इसी कारण धीमी पड़ जाती है। निर्णय की घोषणा और उसके अमल में लाने में काफी समय लग जाता है।[13] उदाहरण के लिए भारतीय जनता पार्टी के घोषणा-पत्र में धारा 370 को हटाना तथा एक समान आचार

संहिता बनाने की घोषणाएं मात्र एक दिखावा ही रही। प्रधानमंत्री इस विषय में कोई अंतिम निर्णय करने की स्थिति में नही थे।[14]

प्रधानमंत्री द्वारा जब-जब मंत्रीपरिषद् के पुनर्गठन की बात की जाती थी। तब-तब प्रधानमंत्री पर सहयोगी दलों का दबाव बढ़ जाता। सहयोगी दल विभागों के विभाजन में सौदा बाजी करते हैं। गठबंधन सरकार में प्रधानमंत्री की स्थिति दुर्बल हुई है।[15]

तनाव की राजनीति-

गठबंधन के मंत्रिमण्डलों के कारण राज्यों में मतभेद और तनाव की राजनीतिका विकास हुआ।तथा इन मंत्रिमण्डलों में विभिन्न घटक दलों में मतभेद और तनाव पैदा होते रहने के कारण राज्यों के मुख्यमंत्री और राज्यपाल भी अछूते नही रहपाते।केन्द्र में कांग्रेस सरकार और राज्यों में गैरकांग्रेसी सरकार वाले राज्यों के मध्य तनावपूर्ण संबंध रहे। 1980-89 के काल में क्षेत्रवाद तथा अलगाववाद की शक्तियों के बल पकड़ने के कारण संघीय प्रणाली में गम्भीर तनाव पैदा हुआ।गठबंधन की राजनीति से गठित राज्य सरकारें सामान्यतया केन्द्र सरकार के विरोध की नीति अपनाते हैं।राज्यपाल की नियुक्ति को लेकर भी केन्द्र और राज्यों में मतभेद पैदा होते रहते हैं।[16]

क्षेत्रीय दलों के महत्व में वृद्धि -

गठबंधन सरकारों में किसी राष्ट्रीय दल को स्पष्ट बहुमत नहीं मिलने से क्षेत्रीय राजनीतिक दलों का समर्थन आवश्यक हो जाता है और इन दलों के सहयोग से गठबंधन सरकार का गठन किया जाता है।जिसके परिणाम स्वरूप क्षेत्रीय दलों और क्षेत्रीय नेताओं के महत्व में वृद्धि होती है। गठबंधन सरकारें अपने अस्तित्व के लिए विभिन्न क्षेत्रीय दलों के समर्थन पर निर्भर रहती है।क्षेत्रीय दल क्षेत्रीय हितों के प्रति संवेदनशील होते हैं। इस कारण क्षेत्रीय हित राष्ट्रीय हितों पर हावी होते नजर आते हैं।[17]

गठबंधन सरकारें अपने अस्तित्व के लिये विभिन्न क्षेत्रीय दलों के समर्थन पर निर्भर रहती है।फलस्वरूप केन्द्रीय राजनीति में क्षेत्रीय दलों का व्यापक प्रभाव स्थापित हो जाता है। केन्द्र सरकार को राजनीतिक मजबूरियों के चलते क्षेत्रीय दलों के दबाव में रहन पड़ता है। लेकिन विवशता की राजनीति ने दोनों को विकेन्द्रीकरण एवं स्वायत्ता के प्रतिसंवेदनशील बना दिया हैं, दूसरी ओर क्षेत्रीय दलों ने भी अपने समर्थन की केन्द्र सरकार से भरपूर कीमत वसूल की है।[18] क्षेत्रीय दल केन्द्रीय सत्ता में या तो सीधे तौर पर सहभागी रहे हैं या अपने राज्यों के लिये केन्द्र सरकार से भारी-भरकम पैकेज हासिल करते रहे हैं।ये दल अपने राज्य में प्रतिद्वंदी क्षेत्रीय दल को परास्त करने के लिये केन्द्र पर दबाव डालने से भी नही चूकते कि वहाँ पर राष्ट्रपति शासन लागू किया जाये। बिहार, पश्चिम बंगाल, तमिलनाडु में इस तरह की मांगे समय-समय पर उठती रही।यह निश्चयरूप से संघवाद के लिये हानिकारक हो सकता था, परन्तु 1994 में बम्बई केस में उच्चतम न्यायालय के निर्णय के बाद स्थितियाँ संघवाद के लिये अनुकूल हुई है। न्यायालय ने संघवाद को संविधान का असंशोधनीय मूल ढाँचा करार दिया। तथा न्यायालय ने अनुच्छेद 356 के अन्तर्गत आपात अद्‌घोषण को

न्यायिक समीक्षा के अधीन घोषित किया। परिणामस्वरूप अनुच्छेद 356 का दुरूपयोग अब इतना आसान नही रहा।[19]

सहयोगी दलों में मतभेद -

गठबंधन सरकार में प्रत्येक सहयोगी दल अधिकतम लाभ प्राप्त करना चाहते हैं।उनकी दृष्टि निजी स्वार्थ तथा आने वाले चुनावों पर लगी रहती है। अतः गठबंधन में तनाव व मतभेद उत्पन्न होते रहते हैं। वी.पी. सिंह के नेतृत्व में बनी जनता दल की सरकार स्वयं अपने ही दल की आन्तरिक गुटबंदी और समर्थक दलों के समर्थन वापसी के कारण विफल हो गई।प्रधानमंत्री देवेगौड़ा शक्तिशाली नहीं थे, क्योंकि वे 13 दलों के संयुक्त मोर्चा के नेता थे और उनकी सरकार कांग्रेस के समर्थन पर टिकी हुई थी।इन्द्र कुमार गुजराल की स्थिति भी देवेगौड़ा की ही भांति थी। प्रधानमंत्री अटल बिहारी वाजपेयी की स्थिति भी कोई अधिक सुदृढ़ नही थी। उन्हें हर पल अपने 18 सहयोगियों को साथ में लेकर चलना पड़ा और उनकी प्रत्येक उचित अनुचित बातों को यदा-कदा मानना भी पड़ा। [20] संयुक्त प्रगतिशील गठबंधन में सहयोगी दलों के बीच पदों को लेकर प्रारम्भ से ही खींचा तान बनी रही।गठबंधन में प्रधानमंत्री को तनावपूर्ण स्थिति से गुजरना पड़ता है क्यों कि उन्हें गठबंधन के अपेक्षाकृत छोटे भागीदारों का भी दबाव झेलना पड़ता है।[21]

सामूहिक उत्तरदायित्व में कमी -

संसदीय शासन प्रणाली में मंत्रिमण्डल से सामूहिक उत्तरदायित्व की आशा की जाती है।लेकिन गठबंधन की वजह से सामूहिक उत्तरदायित्व के सिद्धान्त में कमी आई। मंत्रिमण्डल के सदस्य अनेक मामलों में खुलकर अलग-अलग राग अलापते दिखाई देते हैं। क्यों कि मंत्रिमंडल में शामिल मंत्री एक पार्टी के न होकर कई राजनीतिक दलों के होते है। ये मंत्री सार्वजनिक रूप से एक-दूसरे की आलोचना करते रहते हैं और संसदीय व्यवस्था के सिद्धांतों की अवहेलना भी करते हैं।ऐसी स्थिति में सामूहिक उत्तरदायित्व में कमी आती है।

नकारात्मक पक्ष बढ़ता प्रभाव-

गठबंधन सरकार में भ्रष्टाचार, नौकरशाही, जातिवाद, क्षेत्रवाद, सम्प्रदायवाद जैसी नकारात्मक धारणाओं को बढ़ावा मिलता है।

गठबंधन में विकास की गति धीमी -

गठबंधन सरकार में अलग-अलग विचारधाराओं के दल और नेता सम्मिलित होते हैं।इन दलों की विरोधी विचारधारा विकास कार्य में बाधा डालती है। जिसके कारण कार्यकुशलता भी घटती है।गठबंधन सरकारों के विभिन्न घटक दलों के आन्तरिक मत भेदों और सरकार के अस्थायित्व के कारण राज्यों का आर्थिक विकास भी बहुत प्रभावित होता है।[22] संप्रग सरकार में सहयोगी दलों को संभालने की मजबूरी प्रधानमंत्री को सरकार चलाने और अपना एजेंडा लागू करने में अवरोध पैदा करती रही।उनके अपने ही सहयोगी दलों द्वारा कई मुद्दों पर विरोध किया गया।[23]

नौकरशाही में शिथिलता -

गठबंधन सरकारों के दौर में प्रशासन पर राजनैतिक नियंत्रण का प्रभाव निश्चित हो जाता है।जिस कारण नौकरशाही अधिक शक्तिशाली हो जाती है। संसदीय व्यवस्था में शासन का संचालन मंत्रिमण्डल, प्रधानमंत्री एवं नौकरशाही द्वारा होता है।किन्तु जब मंत्री कमजोर या कार्यों से अनभिज्ञ होते हैं, तो नौकरशाही कायम होना संभव है। तथा नौकरशाही में शिथिलता भी देखने में आती है। [24] क्योंकि राजनीतिक खींचा तानी के चलते नौकरशाही में अपने दायित्वों प्रति गंभीर सक्रियता नहीं रह पाती।

सौदेबाजी वाली संघ व्यवस्था को बढ़ावा -

छठे आमचुनाव के परिणाम से भारतीय राजनीति में बदलाव देखा जा सकता है।केन्द्र में जनता पार्टी की सरकार बनी जो एक गठबंधन सरकार थी। वही राज्यों में विविध दलों की सरकारों की स्थापना हुई। उत्तर प्रदेश, बिहार, मध्य प्रदेश, उड़ीसा, दिल्ली, राजस्थान, हरियाणा व हिमाचल प्रदेश में जनता पार्टी सत्ता में आई। पंजाब में जनता पार्टी व अकाली दल, पश्चिम बंगाल में मार्क्सवादी दल, तमिलनाडु व पाण्डिचेरी मे अन्नाद्रमुक कड़घम, जम्मू-कश्मीर में नेशनल कांग्रेस, केरल में साम्यवादी दल के नेतृत्व वाला मोर्चा कर्नाटक और आन्ध्रप्रदेश में कांग्रेसी सरकारें पदासीन हुई। केन्द्र की जनता सरकार एक दुर्बल सरकार थी, क्योंकि यह विभिन्न घटकों से बनी एक गठबंधन सरकार थी। राज्यों की केन्द्र से वित्तीय स्रोतों के वितरण संबंधी मांगे बढ़ी।

1989-2009 के निर्वाचनों से यह इंगित होने लगा था, कि भारत में संघ व्यवस्था का सौदेबाजी वाला प्रतिमान ही कार्यरत रहेगा।विश्वनाथ प्रतापसिंह (1989), चन्द्रशेखर (1990), पी.वी. नरसिंहमा राव (1991), एच.डी. देवेगौड़ा (1996), इन्द्रकुमार गुजराल (1997) अटलबिहारी बाजपेयी (1998 व 1999) तथा डॉ. मनमोहनसिंह (2004 व 2009) के नेतृत्व में बनने वाली सभी केन्द्रीय सरकारें अल्पमतीय या गठबंधन सरकारें ही थीं, जिन्हें सत्ता में बने रहने के लिए उन दलों का सहारा लेना पड़ा था, जो राज्यों में शक्ति के पुंज रहे। कई राज्यों के क्षेत्रीय दलों के सहयोग से केन्द्र की सरकारें बनी और इन दलों ने समर्थन के बदले केन्द्र से सौदेबाजी भी की।केन्द्र सरकार को कावेरी जल विवाद पर कभी कर्नाटक आँख दिखाता तो कभी तमिलनाडू की अन्नाद्रमुक सरकार बंद आयोजित करती।अलमानी बांध के मसले पर आन्ध्र प्रदेश के मुख्यमंत्री चन्द्रबाबू नायडू ने केन्द्र के साथ सौदेबाजी का रवैया अपनाया जिससे तात्कालिक प्रधानमंत्री एच.डी. देवेगौड़ा की स्थिति कमजोर हुई। 1998 में अटलबिहारी बाजपेयी को समर्थन देने के बदले में अन्नाद्रमुक नेता जयललिता ने कई शर्तें रखी (जैसे कावेरी ट्राइब्यूनल के फैसले पर अमल, सभी नदियों का राष्ट्रीयकरण, 69 प्रतिशत आरक्षण को संवैधानिक संरक्षण, राज्यों को आरक्षण का कोटा अपनी जरूरत के हिसाब से तय करने का अधिकार, महिलाओं के लिए 33 प्रतिशत आरक्षण और आठवीं अनुसूची की सभी भाषाओं को राजभाषा का दर्जा देना।), बीजू जनता दल ने उड़ीसा को विशेष राज्य का दर्जा दिए जाने की मांग की। जम्मू-कश्मीर के मुख्यमंत्री अब्दुल्ला ने स्वायत्ता की मांग की, तो वही ममता बनर्जी ने पश्चिम बंगाल के लिए विशेष पैकेज हासिल

कर लिया, चन्द्रबाबू नायडू ने अपने दल के लिए" स्पीकर" का पद हासिल कर लिया। मनमोहन सिंह सरकार को भी अपनी कुर्सी बचाने की कीमत देनी पड़ी।[25]

11वीं, 12वीं एवं 13वीं लोकसभा चुनावों के बाद चन्द्रबाबू नायडू (तेलगूदेशम), जयललिता (अन्नाद्रमुक), नवीन पटनायक (बीजू जनता दल), ममता बनर्जी (तृणमूल कांग्रेस), ओमप्रकाश चैटाला (हरियाणा), करूणनिधि (तमिलनाडू), प्रकाशसिंह बादल (पंजाब) जैसे प्रादेशिक दल केन्द्र से आये दिन सौदेबाजी करने लगे।[26]

संयुक्त प्रगतिशील गठबंधन में सहयोगी दलों के बीच पदों को लेकर प्रारम्भ से ही खींचातान बनी हुई थी।सबसे पहले राजद अध्यक्ष लालूप्रसाद यादव ने गृहमन्त्रालय लेने की हठ किया। जब इंकार किया गया तो वे रूठकर पटना चले गये।बाद में उन्हें रेल मंत्रालय दिया गया। जैसे ही लालू को रेल मंत्रालय दिया गया, तो रामविलास पासवान के समर्थकों ने पासवान को यह मंत्रालय दिए जाने की मांग को लेकर प्रदर्शन करना शुरू कर दिया, इसी बीच लालू व पासवान के मध्य रेल मंत्रालय को लेने के लिए गर्मा-गर्मी हुई। जब पासवान ने कहा कि मैंने लही लूंगा तो लालू ने उनसे कहा" मेरे 23 सदस्य हैं और तुम्हारे 4 सदस्य हैं।फिर भी रेलमंत्रालय मांगते हो। यह मत भूलो तुम मेरी वजह से जीतकर आए हो।"इस पर पासवान ने उन्हें जवाब दिया कि" मुगालता मत पालिए लालू जी।"अभी इस घटनाक्रम की स्याही सूखी भी नही थी कि द्रमुक के अध्यक्ष करूणानिधि ने यह कहते हुए धमाका दिया कि" वायदे के मुताबिक द्रमुक सांसदो को वांछित मंत्रालय आवंटन न किए जाने तक हमारी पार्टी सरकार में सम्मिलित नही होगी। कांग्रेसी नेता जनार्दन रेडडी ने हमे जिन मंत्रालयों को देने का वायदा किया था, वह हमारी पार्टी को नही मिले हैं।"मनमोहन सरकार के 3 कैबिनेट तथा 4 राज्यमंत्री थे। बताया जाता है कि टी.आर. बालू को भूतल परिवहन व राजमार्ग मंत्रालय के साथ जहाजरानी मंत्रालय न दिए जाने तथा राज्यमंत्री एस.एस.पी. मणिक्कम को वित्तमंत्रालय न दिए जाने के कारण यह विवाद उत्पन्न हुआ। मणिक्कम चाहते थे कि उन्हें वित्तमंत्री चिदम्बरम् के साथ राज्यमंत्री नियुक्त किया जाए।इसके बदले उन्हें वाणिज्य एवं उद्योग मंत्रालय दे दिया गया। अन्ततः लालू, पासवान और द्रमुक का मामला बातचीत के आधार पर सुलझा लिया गया। [27] इन नेताओं (लालूप्रसाद यादव, रामविलास पासवान, करूणनिधि, फारूख अब्दुल्ला) के द्वारा पदों को लेकर खिंचातान कर रहे थे। संप्रग के आंतरिक दबाव से मंत्रालय बंटवारे का काम विलंबित हुआ। [28]राष्ट्रीय आतंकवाद निरोधक केन्द्र (एन.सी.टी.सी.) पर प.बंगाल की मुख्यमंत्री ममता बनर्जी ने संप्रग सरकार का घटकदल होते हुए भी विरोध किया।[29]

गठबंधन सरकार में राज्य स्वायत्तता की मांग -

भारतीय संविधान द्वारा ऐसे संघवाद की कल्पना की गई है, जिसमें स्वाभाविक रूप से केन्द्र शक्तिशाली हो। लेकिन कांग्रेस का एकाधिकार समाप्त होने के बाद बदलते परिवेश में राज्यों द्वारा केन्द्र पर निर्भरता कम करने की मांग की जाती है।यह मांग गठबंधन के दौर में और अधिक बलवती होने लगी।भारतीय संघ में राज्यों की स्वायत्तता से अभिप्राय राज्यों के

आन्तरिक मामलों में केन्द्रीय सरकार का दखल कम हो तथा संविधान द्वारा प्रदत्त विषयों पर उन्हें निरपेक्ष सत्ता प्रयोग करने का अधिकार दिया जाए। राज्यों को अपने कार्यक्षेत्र में पूर्ण स्वायत्त बनाया जाए ताकि वे जनकल्याण के कार्या को अपनी योजनाओं और विचारों के अनुसार स्वतंत्र रूपसे कर सके। यह स्वायत्तता वित्तीय क्षेत्र में लगभग पूरी हो।केन्द्र की राजनीतिक और प्रशासनिक शक्तियाँ भी न्यूनतम ही रहे। तथा उसका कार्य विदेशी संबंध, रक्षा, मुद्रा और जनसंचार के विषयों तक सीमित और संकुचित कर दिया जाए। कराधान की शक्ति मात्र इतनी हो जिससे वह कार्यो के लिए पर्याप्त साधन जुटा सकने में समर्थहो।केन्द्र को मजबूत रखते हुए भी राज्यों को इतनी वित्तीय शक्ति प्रदान की जाए कि जिससे वेसाधनों के अभाव में अपने को असहाय और अप्रभावशाली महसूस न करें। वास्तव में राज्यों की स्वायत्तता का अर्थ न तो राज्यों की स्वतंत्रता से है और नही सम्प्रभुता से यह एक ऐसा वैधानिक दर्जा है जिसमें राज्यों को कतिपय निर्दिष्ट क्षेत्रों में पूर्णस्वतंत्रता तथा अधिकार क्षेत्र में स्वतंत्रता पूर्वक कार्य करने का अधिकार प्राप्त होना ही स्वायत्तता है।[30]

राज्यों की स्वायत्तता की मांग भारतीय संघ की सबसे अधिक विवाद ग्रस्त मुद्दा रहा है, ये मांगे राज्यों के अधिकारों से संबंधित हैं। भारतीय राजव्यवस्था में स्वायत्तता का प्रश्न शक्तिशाली केन्द्र सरकार के खिलाफ एक जबरदस्त मांग है।स्वायत्तता की मांग को उग्ररूप से उठाने का श्रेय क्षेत्रीय, सांस्कृतिक पृथकतावादी तत्वों को जाता है। भूमि-पुत्र के सिद्धांत ने स्वायत्तता की मांग को बढ़ावा दिया, परन्तु स्वायत्तता का अर्थ स्वतंत्रता नहीं है।भारत का संघीय ढाँचा अविनाशी व शक्तिशाली संघ का है और इसके अन्तर्गत राज्य इकाइयों को शक्तिशाली केन्द् सरकार के अधीन कार्य करना होता है।संविधान की सातवीं अनुसूची के अन्तर्गत राज्य-सूची पर राज्यों को कानून बनाने का अधिकार है।अतः भारतीय संदर्भ में राज्यों की स्वायत्तता का अर्थ इन अधिकारों में यथा सम्भव वृद्धि करना अथवा उन्हें वास्तविक बनाना है।[31]

1967 के चुनावों के बाद अलग-अलग राज्यों द्वारा अपने राज्य के विकास हेतु अधिक अधिकारों की मांग की जाने लगी तथा केन्द्र सरकार पर निरन्तर भेदभावपूर्ण व्यवहार व संविधान प्रदत्त शक्तियों के दुरुपयोग के निरन्तर आरोप लगते रहे। 1989 से 2009 तक गठबंधन सरकारों के समय क्षेत्रीय दलों की स्थिति मजबूत हुई और वे सौदेबाजी की स्थिति में रहे।अब राज्य विकास के स्थान पर राजनीतिक दल के स्वयं के लाभ-हानि के आधार पर केन्द्र-राज्य संबंधों का निर्धारण होने लगा।[32]

इन मांगो के पीछे कभी-कभी शक्ति विभाजन को राज्यों के पक्ष में बदलने की इच्छा भी रही।तथा राज्यों द्वारा महत्वपूर्ण अधिकार प्राप्त करने की मांगे भी उठती रही। समय-समय पर अनेक राज्यों (तमिलनाडु, पंजाब, हरियाणा, पश्चिम बंगाल,) और दलों (द्रमुक, अकालीदल, माकपा) ने स्वायत्तता की मांग की।मद्रास के तत्कालीन मुख्यमंत्री अन्नादुरायी ने कहा कि राज्यों को संविधान की ओर से स्वायत्तता प्राप्त है और उनके साथ नगर पालिकाओं जैसा व्यवहार नही करना चाहिए।तमिलनाडु की करुणनिधि सरकार ने

सितम्बर 1967 में केन्द्र-राज्य संबंधों पर विचार करने के लिए डॉ.पी.वी. राजमन्नार की अध्यक्षता में एक समिति का गठन किया। जिसने सुझाया कि अन्तर्राज्यीय परिषद् का गठन हो और उसके निर्णय बाध्यकारी हो।समवर्तीसूची में कम से कम विषय रखे जाए। अवशिष्ट शक्तियाँ राज्यों को सौंप दी जाए।आयकर एकत्रित करने की शक्ति राज्यों को दी जाए तथा राज्यपालों की नियुक्ति राज्य-सरकारों की सहमति के पर की जाए।केन्द्र सरकार ने राजमन्नार समिति की अनुशंसाओं को यह कहते हुए नकार दिया कि इस से भारतीय संघ की एकता पर प्रतिकूल प्रभाव पड़ेगा। सन् 1977 मे स्वायत्तता की मांग वाममोर्चा सरकार (पश्चिम बंगाल) के मुख्यमंत्री ज्योति बसु ने उठाई थी, जिसका समर्थन जम्मू-कश्मीर के मुख्यमंत्री शेख अब्दुल्ला ने भी किया।तत्कालीन प्रधानमंत्री मोरारजी देसाई ने राज्यों को अधिक अधिकार देने की बात को केन्द्र सरकार को कमजोर करनेवाला माना।

अनेक विविधताओं से परिपूर्ण भारत जैसे विशाल देश में राष्ट्रीय एकता के लिए केन्द्र का शक्तिशाली होना आवश्यक भी है। 1980 में स्वायत्तता की मांग करते हुए अकालीदल ने आनन्द पुर साहिब प्रस्ताव पारित करवाया था।जिसमें राज्यों के लिए इतनी अधिक सीमा तक स्वायत्तता की मांग की गई थी, जो भारतीय एकता और अखंडता के लिए घातक साबित हो सकती है। 1991 में उड़ीसा के मुख्यमंत्री बीजू पटनायक ने स्वायत्तता की मांग करते हुए प्रधानमंत्री को लिखे अपने पत्र में केन्द्र के पास केवल रक्षा, विदेश और मुद्रा का अधिकार ही रखने की मांग की थी।राज्यों को यह अधिकार दे दिया जाए कि वे अपनी योजनायें स्वयं बनाएं तथा अन्तर्राष्ट्रीय वित्त संसाधनों से सीधे समझौते कर सकें। 1992 में उत्तरप्रदेश तथा राजस्थान के मुख्य मंत्रियों ने राज्यों के लिए अधिक वित्तीय साधनों की मांग की।[33]

गठबंधन सरकारें और अखिल भारतीय सेवाएं -

आखिल भारतीय सेवाओं के अधिकारियों को लेकर गठबंधन सरकार के दौर में केन्द्र व राज्यों के बीच तनाव नही के समान रहे।इसका कारण दोनों सरकारें अपनी स्थिति से अवगत थी।जहाँ केन्द्र को अपनी योजनाओं नीतियों एवं निर्णयों की सुचारु रूप से क्रियान्वयन के लिए राज्यों के अनुसमर्थन की आवश्यकता होती है, तो वही राज्यों को भी अपने विकास के लिए केन्द्र से अधिक धन की आवश्यकता होती है। यदा-कदा अखिल भारतीय सेवाओं के अधिकारियों की नियुक्ति स्थानान्तरण एवं अनुशासनात्मक कार्यवाही को लेकर भी विवाद हो जाते हैं, परन्तु अब उनमें पुर्व के समान उग्रता नही रही है।[34]

केन्द्र में गठबंधन सरकारें:-

केन्द्र में अब तक गठबंधन की सरकारें-

क्र.

प्रधानमंत्री

अवधि

सहयोग या समर्थन

विघटन का कारण

1
मोरारजी देसाई
(जनता पार्टी)

24.3.77 से 28.7.79 (8571 दिन)

स्वयं का बहुमत
जनता दल में बिखराव, भारतीय जनसंघ व आर.एस.एस. की दोहरी सदस्यता में मतभेद
2
चौधरीचरण सिंह
(जनता पार्टी)

28.7.79 से 14.1.80 (170 दिन)

कांग्रेस व निर्दलियों द्वारा बाहरी समर्थन
जनता पार्टी में बिखराव, कांग्रेस का समर्थन वापस लेना।
3
वी.पी.सिंह
(जनता दल)

2.12.89 से 10.11.90 (341 दिन)

जनतादल, तेलगूदेशम वामपंथी दलों और भाजपा (94) के सहयोग से
भाजपा द्वारा समर्थन वापस
4
चन्द्रशेखर
(जनतादल समाजवादी)

10.11.90 से 21.6.91 (224 दिन)

जनतादल, कांग्रेस तथा निर्दलियों का समर्थन
जनतादल एस में फूट, कांग्रेस द्वारा समर्थन वापसी
5
अटलबिहारी
वाजपेयी (भाजपा)

13.5.96 से 30.5.96 (13 दिन)

भाजपा तथा सहयोगी दल
बहुमत प्राप्त कर पाने में असमर्थ।
6
एच.डी.देवगोड़ा
(जनतादल)

1.6.96 से 22.4.97 (306 दिन)

संयुक्त मोर्चा सहित 13 दल तथा कांग्रेस का बाह्य समर्थन

कांग्रेस अध्यक्ष तथा प्रधानमंत्री में मतभेद

7

आई के गुजराल

(जनता दल)

22.4.97 से 4.12.98 (592 दिन)

संयुक्त मोर्चा सहित 13 दल तथा कांग्रेस का बाह्य समर्थन

जैन आयोग की रिपोर्ट पर मतभेद उत्पन्न होने के कारण समर्थन वापस

8

अटलबिहारी वाजपेयी

(भाजपा)

18.3.98 से 17.4.99 (413 दिन)

18 दलों का सहयोग कुछ दलों का बाह्य समर्थन

13 माह तक शासन अवधि।[35]

9

अटलबिहारी वाजपेयी

(भाजपा)

13.11.99 से 22.5.2004 (1512 दिन)

24 दलों का गठबंधन (एन.डी.ए.)

कार्यकाल पूर्ण किया।

10

डॉ. मनमोहन सिंह

(कांग्रेस)

22.5.2004 से 22.5.2009 (1825 दिन)

यू.पी.ए. वामपंथी दलों का बाहरी समर्थन

कार्यकाल पूर्ण किया।

11

डॉ. मनमोहनसिंह

(कांग्रेस)

22.5.2009 से 17.5.2014 (1820 दिन)

कांग्रेस व अन्यदल

कार्यकाल पूर्ण किया।[36]

स्वतंत्रता के पश्चात लगभग तीन दशकों तक भारतीय राजनीतिक परिदृश्य स्थायी प्रकृति का रहा था।तब किसी भी प्रकार की राजनीतिक गतिविधि बिना परिवर्तन के घट जाती थी। केन्द्र, राज्य और स्थानीय स्तर का राजनीतिक वातावरण शांत था।लेकिन 1969 में जब प्रथम बार श्रीमती इन्दिरा गाँधी के नेतृत्व में अल्पसंख्यक सरकार बनी तब से

भारतीय राजनीतिक व्यवस्था में एक नया मोड़ आया। इस राजनीतिक घटना के पश्चात भारतीय राजनीतिक परिदृश्य बहुत अधिक प्रभावित हुआ और धीरे-धीरे इसमें अस्थायित्व स्पष्ट नजर आने लगा।कालान्तर में यह राजनीतिक वातावरण अस्थायी होता चला गया। 1979, 1987, 1991, 1996, 1998, 1999, 2004 व 2009 के सभी आमचुनावों में किसी भी राजनीतिक दल को स्पष्ट बहुमत प्राप्त नही हुआ।[37]

गठबंधन सरकारों के निर्माण में दलीय व्यवस्था की प्रकृति भी स्पष्ट हुई है। स्वतंत्रता के बाद से लगभग 30 वर्षों तक भारतीय राजनीतिक दल व्यवस्था कांग्रेस के आधिपत्य वाली एकदलीय व्यवस्था रही।भारत जैसे बहुदलीय लोकतंत्र वाले देश में गठबंधन की गूंजाइश प्रारंभ से ही रही है। आजादी के लगभग दो दशकों बाद डॉ. राममनोहर लोहिया ने गैर कांग्रेसवाद का नारा देकर सैद्धांतिक आधारों पर 1967 में गठबंधन आधारित राजनीति को व्यापक फलक देने का प्रयास किया। 1969 में कांग्रेस में फूट पड़ गई और उसे भारतीय कम्युनिस्ट पार्टी के साथ-साथ अकाली दल की भी मदद लेनी पड़ गई थी।इसके पश्चात भी गठबंधन के असफल प्रयास होते रहे। 1975 के अपातकाल के बाद 1977 में जे.पी. आंदोलन के फलस्वरूप राष्ट्रव्यापी गठबंधन बना जिसे पुनः 1989 में भी दोहराया गया। 1977 में जनतादल के बने गठबंधन से ही गठबंधन के प्रभावी हस्तक्षेप का दौर प्रारंभ हुआ माना जा सकता है, लेकिन जे.पी. के प्रभाव में बना यह दल विभिन्न दलों को मिलाकर ऐसा गठ जोड़ था, जिसके सदस्य इस के प्रति गैर जिम्मेदार थे। सभी अपने-अपने स्वार्थों को साधने में लगे हुए थे।इसके नेताओं की निजी महात्वकांक्षाएं इस कदर हिलोरे मार रही थी कि जनता पार्टी नही चल सकी। उसके एकदशक बाद 1989 से वी.पी. सिंह, चन्द्रशेखर, एच.डी. देवेगौड़ा, इन्द्रकुमार गुजराल, अटलबिहारी बाजपेयी और मनमोहन सिंह गठबंधन सरकार के क्रमशः प्रधानमंत्री रहे। [38]

सन् 1977 में पहली बार तीन दशकों से एक छत्रराज करने वाली कांग्रेस पार्टी चुनाव में बहुमत प्राप्त नही पाई और जनता पार्टी के गठबंधन वाली सरकार ने सन् 1977 में सत्ता संभाली, जिसका नेतृत्व श्री मोरारजी देसाई ने किया।इस सरकार का पतन नेताओं की महत्वाकांक्षा एवं अंतर्विरोध के कारण हो गया इसके पश्चात 27 जुलाई 1979 में देश में फिर से कांग्रेस आदि दलों के समर्थन से श्री चौधरी चरण सिंह के नेतृत्व में गठबंधन सरकार बनी।यह सरकार भी अंतर्विरोध के कारण 14 जनवरी 1980 में कांग्रेस द्वारा समर्थन वापस लेलेने से गिर गई। 1989 में श्री वी.पी. सिंह के नेतृत्व में गठबंधन सरकार बनी तथा 11 माह बाद भाजपा के समर्थन वापसी के कारण 1990 में विघटित हो गई। 10 नवम्बर 1990 में श्री चन्द्रशेखर की गठबंधन सरकार 21 जून 1991 तक अस्तित्व में रही और आपसी अन्तर-कलह से गिर गई। इस के बाद 1991 में श्री पी.वी. नर सिंहमाराव के नेतृत्व में बनी गठबंधन सरकार ने अपना कार्य काल पूरा किया। मई 1996 में श्री अटलबिहारी वाजपेयी के नेतृत्व में सरकार का गठन किया गया जो 13 दिन तक ही चली। इसके पश्चात श्री देवेगौड़ा की संयुक्त मोर्चा गठबंधन सरकार गठित की गई जो कांग्रेस के समर्थन वापसी के कारण

11 अप्रैल 1997 को गिर गई। इसके बाद श्री आई.के.गुजराल के नेतृत्व में गठबंधन सरकार बनी और कांग्रेस के समर्थन वापस लेने से गिरगई। मार्च 1998 में श्री अटलबिहारी वाजपेयी के नेतृत्व में गठबंधन सरकार बनी जो 18 माह बाद अन्नाद्रमुक के समर्थन वापस लेने के कारण गिर गई। अक्तूबर 1999 में श्री अटलबिहारी बाजपेयी के नेतृत्व में गठबंधन सरकार बनी जो सन् 2004 तक चली। इस सरकार ने अपना कार्यकाल पूरा किया। श्री मनमोहन सिंह के नेतृत्व में 2004 में यूपीए गठबंधन सरकार बनी जो 2009 तक चली इसने अपना कार्यकाल पूरा किया। सन् 2009 के आमचुनाव में पुनः श्री मनमोहन सिंह के नेतृत्व में गठबंधन सरकार बनी जो 2014 तक रही।[39] इस सरकार ने भी अपना कार्यकाल पूर्ण किया।

गठबंधन सरकार के अब तक के अनुभव इस तथ्य को उजागर करते हैं, कि यह हमारे देश के लिए उचित नही है, परंतु गत कुछ वर्षा से राष्ट्रीय राजनीति में जो बिखराव आया है, उसमें गठबंधन सरकारों से मुंह मोड़ा भी नही जा सकता।इस धारणा के आधार पर कई राजनीतिक विश्लेषक 1989 के बाद से गठबंधन सरकारों को देश की नियति मान बैठे थे।[40] परन्तु 2014 और 2019 के आमचुनावों में नरेन्द्र मोदी के नेतृत्व में भाजपा ने स्पष्ट बहुमत प्राप्त किया।जिससे गठबंधन को लेकर बनी आरही आम धारणा का खण्डन हुआ। दलों द्वारा राजनीतिक गठजोड़ के आधार पर गठबंधन सरकार का निर्माण किया जाता रहा है।गठबंधन में शामिल होने वाले दलों की विचारधारा में यदि समरूपता हो, तो राष्ट्रीय समस्याओं के समाधान के लिए सभी दलों की कोशिश अपेक्षाकृत ज्यादा मजबूत होती हैं और गठबंधन स्थायी हो सकता है।जबकि इसके विपरीत सत्ता प्राप्ति की लालसा से जो अवसरवादी गठबंधन बनाया जाता है, वह स्वाभाविक रूपसे कमजोर तथा अस्थायी होता है।[41]

एकदलीय प्रभुत्व के काल से बहु-दलीय गठबंधन के काल में परिवर्तन का एक प्रभाव भारतीय संसदीय व्यवस्था के केन्द्र प्रधानमंत्री की स्थिति पर पड़ा, प्रधानमंत्री की स्थिति अब पहले की तुलना में कमजोर हो गयी और उसके पद की गरिमा में भी कमी देखी जा सकती है। 1989-2014 तक रही सभी गठबंधन सरकारों में क्षेत्रीय दलों का योगदान अत्यधिक रहा था।क्षेत्रीय दल केन्द्र सरकार के गठबंधन में शामिल होकर सरकार निर्माण में मदद करते हैं और इस मदद के कारण मंत्रिमंडल में स्थान पा लेते हैं। तथा सौदेबाजी की राजनीति करने लगते है। मंत्रिमंडल में रहते हुए केन्द्रीय सरकार से अपनी मांगे मनवाते हैं।मंत्रिमंडल में कई बार प्रधानमंत्री की इच्छा के विरोध में भी कार्य होते हैं। सरकार बचाए रखने के लिए बाहरी दबावों अथवा विशेष हितों की पूर्ति के कारण मंत्रिमंडल के निर्णय प्रभावित होते हैं। इन कारणों से प्रधानमंत्री की सत्ता, शक्ति व स्थिति में कमी आयी।[42]

उपरोक्त विवेचन से स्पष्ट है कि नवम्बर 1989 से अप्रैल मई 2009 तक के लोकसभा चुनावों में किसी भी दल को स्पष्ट बहुमत प्राप्त नहीं हुआ, जिसके कारण अल्पमत सरकारें अथवा गठबंधन सरकारें बनी, जिन्हें अपने अस्तित्व के लिए विभिन्न राजनीतिक दलों

के सहयोग पर निर्भर रहना पड़ा। जिसके कारण ही त्रिशंकु संसद का जन्म हुआ।त्रिशंकु लोकसभा में प्रधानमंत्री की नियुक्ति में राष्ट्रपति का स्वविवेक का अधिकार चुनौती पूर्ण बना।भारतीय राजनीतिक प्रणाली में त्रिशंकु लोकसभा का युग आरंभ होने पर सरकार बनाने की प्रक्रिया में राष्ट्रपति की शक्ति और भूमिका में वृद्धि हुई।[43]

राज्य स्तर पर गठबंधन की सरकारों का निर्माण होने से राज्यपाल का पद विवादित बना।मुख्यमंत्री और प्रधानमंत्री संस्था की प्रतिष्ठा को आघात पहुंचा, केन्द्र-राज्य संबंधों में तनाव उभरकर सामने आने लगे।राजनीतिक गठबंधन निःसंदेह सत्ता सुख सुलभ कराते हैं। लेकिन इसमें शामिल घटक दलों की बार-बार की दोस्ती, धोखाधड़ी एवं सौदेबाजी ही गठबंधन की राजनीति की कड़वी सच्चाई बन गई है। सहयोगी दल कई बार समर्थन वापस लेकर सरकार गिरादेते है और देश पर पुनः आमचुनाव का बोझ पड़ता है।

राज्यों में गठबंधन सरकारें:-

केन्द्र के अतिरिक्त राज्यों में भी गठबंधन सरकारें अस्तित्व में आती रही हैं। स्वतंत्र भारत में सर्वप्रथम 1967 में अनेक राज्यों में मिली जुली सरकारें बनी। [44] चतुर्थ आमचुनाव के बाद और छठी, आठवीं, नवीं, दसवीं, ग्यारहवीं, बारहवीं, तेरहवीं, चौदहवीं एवं पन्द्रहवीं लोकसभा एवं उसके बाद राज्यविधानसभाओं के चुनावों के बाद भारतीय राजनीति में एक नया मोड़ आया।संघ प्रणाली का क्रियान्वयन ‘एक दल प्रधान ढाँचे‘ के बजाय‘ बहुदलीय प्रतियोगी राजनीति‘ के ढाँचे में होने लगा।चतुर्थ आम चुनाव के बाद कांग्रेस दल का एकाधिकार समाप्त हुआ और अनेक राज्यों में गैर कांग्रेसी दलों की सरकारें बनी।[45]ये गैर-कांग्रेसी राज्य सरकारें केन्द्रीय सरकार को अविश्वास और शंकाकी दृष्टि से देखने लगी।इसी कालावधि में कई राज्यों में क्षेत्रीय दलों का ध्येय अपनी शक्ति में वृद्धि करना और केन्द्रीय सत्ता को दुर्बल करना रहा। गैर कांग्रेसी मुख्यमंत्री तो प्रायःछोटी-छोटी बातों को तूल देने लगे।वस्तुतः केन्द्र और राज्यों के मध्य तनाव और मतभेद के युग का सूत्रपात हुआ।

राज्य स्तर पर गठबंधन की सरकारों का निर्माण होने से राज्यपाल का पद भी विवाद का विषय बना, मुख्यमंत्री संस्था की प्रतिष्ठा को आघात लगा, केन्द्र-राज्य संबंधों में तनाव उभरने लगे।‘‘ साझे की हांडी सदैव चौराहे पर फूटती है‘‘, गठबंधन की सरकारों में यह बात साकार हुई।गठबंधन सरकारें ज्यादा टिकाऊ सिद्ध नही हुई और नही इन सरकारों के पास टिकाऊपन का कोई आदर्श था और नही समवे तस्वर की वाणी ही थी। सन् 1977 तक भारत में 138 राज्य सरकारें गठित हुई उनमें से 40 गठबंधन की सरकारें थी, उनकी औसतन आयु 26 महीने ही रही। [46] राज्यों में गठबंधन का दौर वर्तमान में भी जारी है।

क्षेत्रीय दलों के बिना राज्य व केन्द्र दोनों स्तर पर सरकार-निर्माण असंभव हो जाता है।केन्द्र में किसी राष्ट्रीयदल के नेतृत्व में बने गठबंधन व राज्य में अलग-अलग दलों की सरकारें बनी, जिससे क्षेत्रीय दलों की स्वायत्तता संबंधी मांग और उनकी केन्द्र सरकार से अपनी मांगे मनवाने की प्रकृति में वृद्धि ने भारत के संघवाद को सौदेबाजी वाले संघवाद के

रूप में परिवर्तित कर दिया।

गठबंधन सरकारें और केन्द्र-राज्य संबंधः-

राज्यपाल के पद व भूमिका में परिवर्तन -

राज्यपाल को संविधान ने दोहरी भूमिका निभाने का कर्तव्य दिया है। (1) केन्द्र के एजेंट के रूप में राज्यपाल की भूमिका तथा (2) राज्य के प्रधान के रूप में राज्यपाल का पद या भूमिका।

राज्यपाल की नियुक्ति केन्द्र सरकार द्वारा की जाती है।अतः राज्यपाल के फैसलों को अक्सर राज्य सरकार के कार्यो में केन्द्र सरकार के हस्तक्षेप के रूप में देखा जा सकता है। जब केन्द्र और राज्य में अलग-अलग दल सत्तारूढ़ होते हैं, तब राज्यपाल की भूमिका और अधिक विवादास्पद बन जाती है।क्योंकि केन्द्र की सत्तारूढ़ सरकारें अपने स्वार्थ के अनुरूप राज्यपाल पद का इस्तेमाल कर सकती हैं। केन्द्र राज्य संबंधों से जुड़े मसलों की पड़ताल के लिए केन्द्र सरकार द्वारा 1983 में सरकारिया आयोग का गठन किया गया। इस आयोग ने 1998 में अपनी रिपोर्ट में सिफारिश की थी कि राज्यपालों की नियुक्ति अनिवार्य तथा निष्पक्ष होकर की जानी चाहिए।[47]

1967 में कई राज्यों में गैर-कांग्रेसी सरकारें बनने के कारण राज्यपाल पर केन्द्र के एजेंट के रूप में कार्य करने के आरोप लगाए गए। इन आरोप का आधार संविधान का अनुच्छेद 356 (राष्ट्रपति शासन) रहा, जिसके तहत राज्य में संवैधानिक संकट (किसी दल के पास बहुमत न हो, कानून का शासन संवैधानिक रूपसे न चलाया जा सके, आक्रमण व विद्रोह का खतरा) हो तब राज्यपाल अपनी रिपोर्ट में यह सिफारिश करे कि राज्य विधानसभा भंग कर दी जाए, तब राष्ट्रपति रिपोर्ट का अध्ययनकर केन्द्र सरकार की सलाह पर राष्ट्रपति शासन को स्वीकार या अस्वीकार करता है। यदि सिफारिश स्वीकार की गयी है, तो इसके बाद उस राज्य की विधानसभा भंग हो जाती है और वहा पर राष्ट्रपति शासन स्थापित हो जाता है।राज्यपाल केन्द्र के एजेंट की भूमिका से राज्य के प्रतिनिधि के रूप में परिवर्तित होते दिखे। यह परिवर्तन बहुदलीय व्यवस्था के काल में आया, जब केन्द्र सरकार, प्रधानमंत्री, मंत्रिमण्डल अधिक शक्तिशाली नही रह गए और केन्द्र की शक्ति क्षीण होते ही कई राज्यपालों ने केन्द्र के निर्णयों व आदेशों को मानने से इन्कार कर दिया। 1990 के दशक में राज्यपालों ने स्वायत्तता को दिखाया।उदाहरण के लिए तमिलनाडू के राज्यपाल सुरजीतसिंह बरनाला ने 1990 की शुरूआत में द्रविड़ मुनेत्र कड़गम की सरकार के विघटन और बिहार में उनके स्थानान्तरण के खिलाफ त्याग-पत्र दे दिया। दूसरा उदाहरण 1992 में केन्द्र ने नागालैंड के राज्यपाल एम.एम. थॉमस को हटा दिया क्योंकि उसने बिना केन्द्र की सलाह लिए मुख्यमंत्री वामुजो की सलाह पर विधानसभा को भंग कर दिया था।बहुदलीय गठबंधन युक्त व्यवस्था में राज्यपाल राज्य के अध्यक्ष के रूप में अपनी भूमिका के प्रति संवेदनशील होते दिखे हैं।[48]

राज्यपाल केन्द्र तथा राज्य को बाँधने वाली कड़ी तथा संघ राज्य संबंधों को विनियमित करने का माध्यम है।केन्द्र और राज्य के बीच संघर्ष या तनाव की स्थिति में राज्यपाल मध्यस्थ के रूप में कार्य को सही रूपसे निभा सकता है।[49]

चौथे आम निर्वाचन के परिणामस्वरूप कई राज्यों के राज्यपालों को कठिन और नाजुक स्थितियों का सामना करना पड़ा।कई राज्यों में विभिन्न राजनैतिक विचार धाराओं, नीतियों और कार्यक्रमों वाले विभिन्न राजनीतिक दलों की गठबंधन सरकारें बनी और विधायकों द्वारा बार-बार दल परिवर्तन करने के कारण राजनीतिक अस्थिरता की गंभीर स्थिति भी उत्पन्न हुई, जिसके परिणामस्वरूप राज्यपालों को ऐसी कई समस्याओं का सामना करना पड़ा।राज्यपालों को ऐसे बहुत से निर्णय लेने पड़े जिनके लिए शक्तियाँ यद्यपि उनकी संवैधानिक स्थिति में निहित थी तथापि, उनके कारण संसद में और उसके बाहरभीविवादउठखड़ेहुए।[50]

गठबंधन सरकारें और अनुच्छेद 356 -

भारत राज्यों का एक संघ है। इस नाते केन्द्र-राज्य संबंध सदैव बहस का विषय बना हुआ है। जब से केन्द्र व राज्यों में अलग-अलग दलों की सरकारों का प्रचलन बढ़ा है, तब से केन्द्र राज्य संबंधों में तनाव भी लगातार बढ़ता गया। अनुच्छेद 356 के तहत सरकार को बर्खास्त कर राष्ट्रपति शासन लागू किये जाने के अनेक मामले संवैधानिक नैतिकता के मूल्यांकन में खरे नही उतर पाये। अनुच्छेद 356 की केन्द्र राज्य संबंधों को तनावपूर्ण बनाने में अहम भूमिका रही है।[51]

28 नवम्बर, 1990 को त्रिपुरा में राष्ट्रपति शासन लागू कर पूरे राज्य को उपद्रव क्षेत्र घोषित कर दिया गया जनवरी 1991 में तमिलनाडू में राष्ट्रपति शासन लागू कर दिया गया। 15 दिसम्बर, 1992 को अनुच्छेद 356 के तहत केन्द्र के द्वारा चार राज्यों की भाजपा सरकारों को बर्खास्त कर दिया तथा विधानसभाओं को भंग कर राष्ट्रपति शासन लागू कर दिया गया।[52]

गठबंधन सरकार में प्रधानमंत्री को सहयोगी दलों के दबाव में रहना पड़ता है।प्रधानमंत्री को राज्यों में राष्ट्रपति शासन लागू करने की भी सिफारिश गठबंधन के दबाव में राष्ट्रपति से करनी पड़ती है। उदाहरणतः 1998 में बिहार में राष्ट्रपति शासन लागू करने की सिफारिश प्रधानमंत्री अटलबिहारी वाजपेयी ने अपने सहयोगी दलों के दबाव में आकर ही की थी।तमिलनाडु में भी राष्ट्रपति शासन लागू करने के लि ए ए.आई.ए.डी.एम.के द्वारा बार-बार दबाव डाला गया।[53]इसी तरह ममता बेनर्जी के नेतृत्ववाली तृणमूल कांग्रेस ने पश्चिमी बंगाल में कार्यकर रही ज्योति बसु के नेतृत्व वाली वामपंथी लोकतांत्रिक मोर्चे की सरकार को बर्खास्त करने तथा राष्ट्रपति शासन लागू करने की मांग को दोहराया गया।बीजू जनता दल ने भ्रष्टाचार के आरोप में राज्य की जानकी वल्लभ पटनायक सरकार को बर्खास्त करने तथा राज्य में राष्ट्रपति शासन लागू करने की मांग की।ओमप्रकाश चैटाला हरियाणा में चौधरी बंसी लाल के नेतृत्व वाली हरियाणा विकासपार्टी की सरकार को बर्खास्त

करने की मांग करते रहे।[54]

अनुच्छेद 356 का हमारे देश में उपयोग कम और दुरुपयोग ज्यादा हुआ है। केन्द्र में विराजमान सरकारें समय-समय पर विपक्षी पार्टियों को परेशान करने के लिए अनुच्छेद 356 का इस्तेमाल करती रही है। 90 के दशक तक ऐसा अक्सर देखा जाता था, कि केन्द्र की सरकारें राज्यपाल की मदद से ऐसी परिस्थितियां उत्पन्न कर देती थी, जब अनुच्छेद 356 का प्रयोग किया जाए।हालांकि सन् 1994 में उच्चतम न्यायालय के एक फैसले के बाद इसका अनुचित इस्तेमाल कम हो गया।[55]

वित्तीय संबंधी मुद्दे-

भारत में राजस्व का विषय हमेशा से ही समस्यात्मक रहा है। 11वां वित्त आयोग केन्द्रीय राजस्व में राज्यों के हिस्से को 29.5 प्रतिशत से अधिक अनुशंसित करने या ऋण राहत देने में विफल हो गया। 12वें वित्त आयोग ने भी राज्यों पर विभिन्न शर्तों को थोपा जिसमें से एक थी कि राज्यों को ऋण राहत और केन्द्र से कर पुनसंरचना प्राप्त करने के लिए राजस्व उत्तरदायित्व एवं बजट प्रबंधन (एफ.आर.बी. एम) अधिनियम को लागू करना होगा।

केन्द्र के ऋण लघुबचत संग्रहण (राष्ट्रीय बचत योजना कोष) से संबंधित होते हैं। जिसमें विशेषभार पड़ता है।क्यों कि राज्यों से संघ सरकार द्वारा वसूली जाने वाली ब्याज दर काफी ऊंची होती है। अतःराज्यों ने बारहवें वित्त आयोग को इस बारे में समाधान परक उपाय सुझाने के लिए गुहार लगाई। हालांकि राज्यों की किसी भी बड़ी समस्या को तवज्जों नहीं दी गई।[56]

केन्द्र द्वारा प्रायोजित योजनाओं में तीव्र वृद्धि से समस्या उत्पन्न होती है।क्योंकि अधिकतर मामलों में इन योजनाओं के व्यय पर एक हिस्सा राज्य सरकार का होता है।राज्य सरकार अपनी प्राथमिकताओं को ध्यान में रखते हुए इन पर अपने संसाधनों का आवंटन करने में बेहद कठिनाई महसूस करती है। इसके अतिरिक्त इन योजनाओं के माध्यम से केन्द्र की शर्तों को थोपा जाता है।[57]

गठबंधन सरकार में सरकार के भीतर ही आलोचनाओं के स्वर गंजते रहते है। घटक दलों में आपसी प्रतिद्वन्द्व चलता रहता है।नीतियों के निर्माण की अपेक्षा क्रियान्वयन पर अधिक ध्यान दिया जाता है।[58]

गठबंधन सरकारें और राष्ट्रपति की भूमिका -

गठबंधन सरकारों के गठन से मंत्रिपरिषद्में प्रधानमंत्री की स्थिति तथा राज्य में सत्तारूढ़ दल की स्थिति आदि की राजनीतिक परिस्थितियों में परिवर्तन आया।किसी एक दल को लोकसभा में स्पष्ट बहुमत का आभाव होने पर गठबंधन के विभिन्न घटको द्वारा सत्ता संतुलन का खेल तथा क्षेत्रीय दलों के अधिक प्रभावशाली बन जाने के कारण प्रधानमंत्री की शक्ति एवं प्रभाव में कमी आई। परिणामस्वरूप भारतीय राष्ट्रपति को स्वविवेकीय शक्तियों के प्रयोग में अधिक अवसर प्राप्त हुए हैं।गठबंधन की राजनीति के युग में विखंडित जनादेश के समय राष्ट्रपति के सम्मुख प्रधानमंत्री की नियुक्ति चुनौती के रूप में सामने

आयी।संसदीय शासन प्रणाली के मौलिक सिद्धान्तों एवं संवैधानिक प्रावधानों के अनुसार राष्ट्रपति लोकसभा में बहुमत प्राप्त दल के नेता को ही नियुक्त करते रहे थे।चुनावों में किसी एक दल को स्पष्ट बहुमत मिल जाने पर राष्ट्रपति के लिए यह केवल संवैधानिक औपचारिकता मात्र होती है।परन्तु त्रिशंकु लोकसभा बनने की स्थिति में संविधान में स्पष्ट निर्देशन के आभाव में यह निर्णय करना राष्ट्रपति का उत्तरदायित्व हो जाता है कि क्या सबसे बड़े राजनीतिक दल को सत्ता में आने के लिए आमंत्रित करना उचित है? क्या वह दल स्थायी सरकार दे पाएगा? दल की पहचान करना सरल कार्य नही है, तथापि राष्ट्रपति स्वविवेक से इसका निर्णय करता है। 1989 से 2004 तक सम्पन्न लोकसभा के सभी चुनावों में किसी भी राजनीतिक दल को स्पष्ट बहुमत प्राप्त नहीं हुआ था।अतः तत्कालीन राष्ट्रपतियों ने स्वविवेक का प्रयोग करते हुए उसी राजनीतिक दल की सरकार बनाने के लिए आमंत्रित किया जिसके पास अन्य दलों के मुकाबले अधिक सदस्य थे।ऐसे बड़े राजनीतिक दल के नेता को ही राष्ट्रपति ने प्रधानमंत्री नियुक्त किया और तत्कालीन राष्ट्रपति ने उन्हें निश्चित समय के भीतर लोकसभा का विश्वास मत प्राप्त करने के लिए भी निर्देश दिया।

गठबंधन सरकार के दौर में लोकसभा में अस्पष्ट जनादेश के चलते केन्द्रीय सरकार के निर्माण में राष्ट्रपति की भूमिका में नई सक्रियता देखने को मिलती है। गठबंधन सरकार के दौरान कुछ विशेष परिस्थितियों में राष्ट्रपति को सक्रिय भूमिका निभानी पड़ी जैसे-एच.डी.देवेगौड़ा की सरकार जिसने 1997-1998 का बजट पेश किया था, लेकिन केन्द्रीय संसद के द्वारा यह बजट पास करने से पहले ही सरकार गिर गई। ऐसी परिस्थिति में राष्ट्रपति ने लोकसभा अध्यक्ष पी.ए. संगमा और अन्यदलों के नेताओं से विचार-विमर्श के पश्चात बजट पास करवाने का मार्ग प्रशस्त किया। इसी तरह सन् 1999 में भी इस प्रकार की स्थिति पैदा हुई थी, जब बजट पेश करने के बाद बजट पास होने से पहले ही भाजपा की सरकार गिर गई थी।तब राष्ट्रपति ने संसद को शीघ्र बजट पास करने का निर्देश दिया था।

गठबंधन के संक्रमण काल में संसदीय चुनावों में अस्पष्ट जनादेश और अस्थिर सरकारों के चलते एवं सहयोगी दलों द्वारा अपना समर्थन वापस लेने से अल्पमत में आई सरकारों को भंग करने की अपेक्षा राष्ट्रपति ने पूर्णतः संविधानिक दायरे में रहकर प्रधानमंत्रियों को लोकसभा में अपना बहुमत सिद्ध करने का अवसर प्रदान किया।[59] प्रधानमंत्रियों की नियुक्ति के संबंध में भी राष्ट्रपति ने अपनी सक्रिय भूमिका का निर्वहन किया।जैसे यदि किसी भी राजनीतिक दल को स्पष्ट बहुमत न मिलने पर या लोकसभा में दो दलों को समान प्रतिनिधित्व प्राप्त होने पर राष्ट्रपति अपने विवेक, बुद्धि तथा ऊंची सूझबूझ से काम लेते हुए अपनी इच्छानुसार किसी भी दल के नेता को जिसे वह स्थायी सरकार बनाने के योग्य समझे, मन्त्रिमण्डल बनाने के लिए निमंत्रण दे सकता है। 15 जुलाई, 1979 को प्रधानमंत्री मोरारजी देसाई के त्याग पत्र देने पर किसी भी दल को लोकसभा में स्पष्ट बहुमत प्राप्त न होने की दशा में राष्ट्रपति संजीव रेड्डी ने विपक्ष के नेता यशवंत राव चैहान को सरकार बनाने का निमंत्रण दिया, लेकिन उनके द्वारा असमर्थता प्रकट करने के बाद चौधरीचरण सिंह

को यह अवसर दिया गया और अन्त में 26 जुलाई, 1979 को चौधरीचरण सिंह प्रधानमंत्री नियुक्त किए गए। ऐसे ही और भी उदाहरण हैं। जैसे 1989 में राष्ट्रपति ने वी.पी. सिंह को प्रधानमंत्री नियुक्त किया और लोकसभा में बहुमत सिद्ध करने के लिए 30 दिन का समय दिया। मई, 1996 के लोकसभा के चुनाव में किसी भी दल को स्पष्ट बहुमत न मिलने पर राष्ट्रपति शंकरदयाल शर्मा ने भाजपा नेता अटलबिहारी वाजपेयी को प्रधानमंत्री नियुक्त किया तथा 31 मई तक लोकसभा में बहुमत सिद्ध करने को कहा।वाजपेयी द्वारा बहुमत प्राप्त न कर पाने पर संयुक्त मोर्चा के नेता देवेगौड़ा को प्रधानमंत्री पद के लिए नियुक्त किया। प्रधानमंत्री देवेगौड़ा को 15 जून तक लोकसभा में बहुमत सिद्ध करने का समय दिया। 12 जून को देवेगौड़ा ने लोकसभा में बहुमत प्राप्त कर लिया। प्रधानमंत्री देवेगौड़ा के त्याग-पत्र देने के बाद राष्ट्रपति ने 21 अप्रैल, 1997 को संयुक्त मोर्चा के नेता इन्द्रकुमार गुजराल को प्रधानमंत्री नियुक्त किया। फरवरी-मार्च, 1998 लोकसभा चुनाव में किसी भी दल को स्पष्ट बहुमत न मिलने पर नेताओं तथा संविधान विशेषज्ञों से विचार-विमर्श के बाद राष्ट्रपति ने अटलबिहारी वाजपेयी को प्रधानमंत्री नियुक्त किया। सितम्बर-अक्टूबर, 1999 के लोकसभा चुनावों में 24 राजनीतिक दलों के सहयोग से बने' राष्ट्रीय जनतांत्रिक गठबंधन' को लोकसभा में स्पष्ट बहुमत प्राप्त होने पर राष्ट्रपति के.आर. नारायणन ने गठबंधन के नेता अटलबिहारी वाजपेयी को प्रधानमंत्री नियुक्त किया। इसी तरह 14वीं और 15वीं लोकसभा चुनावों (2004, 2009) में जब किसी भी दल को स्पष्ट बहुमत नही मिला तब राष्ट्रपति ए.पी.जे. अब्दुल कलाम ने स्थापित परम्परानुसार सहयोगी दलों के लिखित समर्थन पत्र प्राप्तकर संयुक्त प्रगतिशील गठबंधन के नेता मनमोहन सिंह को प्रधानमंत्री पद की शपथ दिलाई थी।[60]

राष्ट्रपति ने केन्द्र सरकार के निर्माण में सक्रिय और महत्वपूर्ण भूमिका निभाई।गठबंधन में राजनैतिक दलों और नेताओं की बढ़ती अवसरवादी प्रवृत्तियों ने राष्ट्रपति के समक्ष चुनौतियाँ बढ़ा दी।अतः राष्ट्रपति की भूमिका पूर्व की तुलना में अब अधिक सक्रिय होगई।

अन्तर्राज्यीय परिषद् का गठन -

संविधान के अनुच्छेद 263 के तहत अन्तर्राज्यीय परिषद् का गठन सन् 1990 में किया गया था।सभी राज्यों के मुख्यमंत्रियों को इस परिषद् का सदस्य बनाया गया था। अक्टूबर 1990 के बाद 1996 तक यह परिषद् सुषुप्तावस्था में रही।देवेगौड़ा और गुजराल की गठबंधन सरकारों के कार्यकाल में इसकी सबसे ज्यादा 6 बैठकें हुई मगर कोई विशेष परिणाम नही निकले।इस परिषद् की बैठकों में अनुच्छेद 356, राज्यपाल की नियुक्ति, केन्द्र-राज्य संबंधों को सुधारने और कर ढाँचे के वितरण में बदलाव करने पर मात्र चर्चाए ही हुई। इस परिषद्में केन्द्रीय करों में राज्यों का हिस्सा 29 फीसदी दिया जाना तय किया गया परन्तु इसे भी अटका दिया गया।

हालांकि इस परिषद में सरकारिया आयोग की सिफारिशों को लागू करने, अनुच्छेद 356 के दुरुपयोग, समान नागरिकसंहिता लागू करने, केन्द्र में राज्यों की हिस्सेदारी तथा कश्मीर में अनुच्छेद 370 को समाप्त करने की पुरजोर वकालत की।हालांकि वर्तमान में अनुच्छेद 370 को समाप्त कर दिया गया है।

इस परिषद के अध्यक्ष प्रधानमंत्री को विटो शक्ति प्राप्त है, जो सर्वसम्मति को भी नकार सकता है।इसमें वर्ष में तीन बार बैठक करने की यवस्था का प्रावधान है, मगर व्यवहार में ऐसा नही हो पाता।परिषद् द्वारा सरकारिया आयोग प्रतिवेदन पर आज तक खुलकर कोई बहस नही हो सकी। आज तक 247 सिफारिशों में से मात्र 124 पर ही निर्णय हो हुआ है।इस परिषद् की एक स्थायी समिति भी है, फिर भी इसकी उपेक्षा होती रही। यदि इसे क्रियाशील और सशक्त बनाया जाता है, तो केन्द्र-राज्य के कई विवाद हल हो सकते हैं। [61] अन्तर्राज्यीय परिषद् ने अब तक सरकारिया आयोग की 59 सिफारिशों को जोकि राज्यपाल की भूमिका, विधायी संबंधों, अन्तर प्रशासनिक परिषद्, खान तथा खनिज, अखिल भारतीय सेवाओं, जनसम्पर्क साधन आदि से सम्बन्धित थी पर विचार-विमर्श किया।

अन्तर्राज्यीय परिषद् की अगस्त 2003 में श्रीनगर में हुई बैठक में केन्द्र-राज्य संबंधों से सम्बन्धित इस बात पर बल दिया गया कि संविधान में कुछ ऐसे प्रावधान सम्मिलित किये जाने चाहिए। ताकि राज्यों मे अनुच्छेद 356 के अन्तर्गत राष्ट्रपति शासन न लगाया जा सके। अनुच्छेद 356 का प्रयोग केवल अंतिम विकल्प के तौर पर ही किया जाए।[62]राज्यपाल पद सर्वाधिक विवादित संवैधानिक पदों में से एक है। यह विवाद राज्यपाल की दोहरी भूमिका तथा उसकी दुराग्रहपूर्ण भूमिका के कारण उत्पन्न होता है। 16 नवम्बर 2001 को अंतर्राज्यीय परिषद् की नईदिल्ली में सम्पन्न सातवीं बैठक में राज्यपाल की नियुक्ति के संबंध में कई मुद्दो पर सहमति हुई। जिसमें प्रमुख सहमति के बिन्दु निम्न है -

1. किसी भी राज्य में राज्यपाल की नियुक्ति के पूर्व संबंधित राज्य से सहमति लेना अनिवार्य हो।
2. राज्यपाल के पद पर नियुक्त व्यक्ति को इस पद से निवृत होने के पश्चात राजनीति में आने से प्रतिबंधित किया जाए।
3. सेवा निवृत्ति के बाद ऐसा व्यक्ति राष्ट्रपति अथवा उपराष्ट्रपति पद का चुनाव लड़ सकता है।[63]

1989 के नौवे आमचुनाव तथा उनके बाद भारतीय राजनीति में अनेक प्रकार के उतार-चढ़ाव आए।नौवें आमचुनाव के पश्चात भारत में गठजोड़ की राजनीति का निरन्तर विकास हुआ। एकदल की प्रधानता के स्थान पर गठबंधन या मिली-जुली सरकारों का दौर प्रारम्भ हुआ। जोड़-तोड़, खण्डन, विलय, गठबंधन सरकारों का सहयोगी दलों के बाहरी

समर्थन पर बनना एवं गिरना तथा राष्ट्रीय दलों का क्षेत्रीय दलों के सहयोग से संयुक्त सरकार बनना जिसमें राजनीतिक विचारधारा का पूर्णतया अभाव पाया जाना आदि। तेजी से परिवर्तित परिस्थितियों ने भारतीय राजनीतिक व्यवस्था में राष्ट्रपति की परम्परागत भूमिका को बदल दिया।इसके अतिरिक्त भारतीय संघीय व्यवस्था में होने वाले क्रांतिकारी परिवर्तनों जैसे- क्षेत्रीय दलों का प्रभावशाली दबाव, प्रधानमंत्री की शक्तियों में ह्रास, शासन में भ्रष्टाचार, संसद में सत्ताधारीपार्टी का घटता बहुमत, मध्या विधि चुनावों का भय प्रधानमंत्री के करिश्माई नेतृत्व के अभाव में राष्ट्रपति के पद की प्रतिष्ठा बढ़ी।

गठबंधन सरकारें एकदलीय सरकारों की तुलना में असफल रही है।गठबंधन सरकारें कई बार बनी और अपनी अवधि पूर्ण करने से पहले ही विघटित हुई। घटक दलों पर निर्भरता सरकार को कमजोर व मजबूर बनाती है।गठबंधन की सरकार से उत्पन्न अस्थिरता सहयोगी दलों में आंतरिक मतभेद और वैचारिक एक मतता न होने से अवरोध पैदा हुआ, जिससे समाज के व्यापक हितों की अवहेलना होती है। परन्तु कई बार राष्ट्रीय दल पूर्ण बहुमत प्राप्त करने में सफलन ही रहते।अतः वह अपने बलबूते पर केन्द्र में सरकार बनाने में भी सक्षम नही होते। गठबंधन सरकार देश के लिए आवश्यकता बन गई।भारतीय संविधान एवं राजव्यवस्था के सिद्धान्तों तथा राजनीतिक दलों के नेताओं के बीच गठबंधन सरकार के गठन और कार्य कारण की समस्त प्रक्रिया पर गंभीर विचार-विमर्श किया जाना चाहिए। इस बात पर विचार करना होगा कि राज्य व केन्द्र में मिली-जुली या गठबंधन सरकार की राजनीति से उत्पन्न राजनीतिक अस्थायित्व को किस प्रकार नियंत्रित किया जा सके और राजनीतिक दल व्यक्तिगत हितों को त्यागकर सामाजिक हितों को महत्व दें।

[1]थावरचन्द गेहलात- ''गठबंधन सरकार'', मध्यप्रदेश विधानसभा सचिवालय की त्रैमासी शोध पत्रिका वर्ष 27, अंक 1, जनवरी मार्च 2009, पृ.19

[2]वीणासबलोक पाठक- ''गठबंधन सरकार'', विधायिनी मध्यप्रदेश विधानसभासचिवालय की त्रैमासी शोध-पत्रिका वर्ष 27, अंक 1 , जनवरी मार्च2009, पृ. 29

[3]डॉ.रामबहादुर वर्मा- ''मिलीजुली सरकारे: सैद्धान्तिक संरचना'', विधायिनी मध्यप्रदेश विधानसभा सचिवालय की त्रैमासी शोध-पत्रिका वर्ष 27, अंक1 , जनवरी मार्च2009, पृ. 24

[4]डॉ. एसजी श्रीवास्तव- ''गठबंध सरकार'', विधायिनी मध्यप्रदेश विधानसभा सचिवालय की त्रैमासी शोध-पत्रिका भोपाल, अंक 22, जनवरी मार्च 2004, पृ. 36

[5]आचार्य भालचन्द्र गोस्वामी 'प्रखर'-''संसदीय प्रणाली के आयाम'', आर बी एस एपब्लिशर्स, जयपुर, 2002, पृ. 26

[6]देखिए क्र.(162), पृ. 38-39

[7]देखिए क्र (102), पृ. 87-88

[8]डॉ. जी.पी. नेमा, डॉ. (श्रीमती) राजेश जैन एवं डॉ.हरिशचन्द्र शर्मा- ''भारत में राज्यों की राजनीति'कॉलेज बुक डिपो, जयपुर, 2018, पृ. 218-219

[9]देखिए क्र.(152), पृ. 107

[10]उम्मेदसिंह इंदा- "संसदीय व्यवयस्था में परिवर्तन की दिशा", कल्पज पब्लिकेशन्स, दिल्ली, 2010, पृ. 184

[11]वही (169), पृ. 172

[12]देखिए क्र.(166), पृ. 219

[13]आर.एस.खन्ना - "साझासरकार प्रयोग कितना सफल - कितना असफल" , मध्यप्रदेश विधानसभा सचिवालय की त्रैमासी शोध-पत्रिका, अंक 3, जुलाई सितंबर, 2001 पृ. 20

[14]देखिए क्र. (152), पृ. 104

[15]देखिए क्र. (152), पृ. 102

[16]देखिए क्र. (166), पृ. 219

[17] 16- 22/03/2014.20:24 IST kshetriy dalo ki badhati takat, accessed on 03/03/2019 at11.30,URL: https://www.livehindustan.com/news//article1-story-409859.html

[18]अनुपम चतुर्वेदी- "भारत में केन्द्र स्तर पर गठबंधन सरकारों के अनुभव", भारतीय राजनीति एवं केन्द्र-राज्य संबंध, पोइन्टरपब्लिशर्स, जयपुर, 2015, पृ. 21

[19]S.R. Bombay banam bharat ganrajya ,accessed on 03/03/2019 at 10.30URL:https://hi.m.wikipedia.org

[20]देखिए क्रं.(152), पृ. 99-100

[21]देखिए क्रं.(176), पृ. 21

[22]देखिए क्रं. (161), पृ. 27

[23]आवरण कथा, यूपीए, इंडियाटुडे, 12 मई, 2010, पृ. 26

[24]राखी रामदेव-"गठबंधन सरकार वर्तमान परिपेक्ष्य में अपेक्षाएँ एवं चुनौतियाँ", भारतीय राजनीति एवं केन्द्र-राज्य संबंध, पोइन्टर पब्लिशर्स, जयपुर, 2015, पृ. 69

[25]देखिए क्रं. (3), पृ169-170

[26]देखिए क्रं. (26), पृ22

[27]मानचन्द खंडेला-"सोनिया गाँधी और भारतीय राजनीति‘, पोइन्टर पब्लिशर्स, जयपुर, 2005, पृ.143-144

[28]ब्रजबिहारीकुमार -" राष्ट्रीय समस्याएँ चिंता एवं चिंतन‘, कॉन्सेप्ट पब्लिशिंग कंपनी प्रा.ली., नईदिल्ली, 2014, पृ.138

[29]Aajtk veb byuro 5may,2012, nctc par kai mukhyamantriyo ka purjor virodh. Accessed on 28/06/2018 at 4PM URL: http://m.aajtk.in/editor-choice/story/NCTC-pm-meets-cms-today-will-dealock-be-overs

[30]देखिए क्रं. (26), पृ. 123

[31]देखिए क्रं. (42), पृ. 57

[32]देखिए क्रं. (68), पृ. 102

[33]देखिए क्रं. (42), पृ. 58

[34]देखिए क्रं. (19), पृ. 149

[35]देखिए क्रं. (71), पृ. 122-123

[36]देखिए क्रं. (168), पृ. 178

[37]देखिए क्रं.(152), पृ. 101

[38]सर्वजीत पाल- "लोकतंत्र और गठबंधन की राजनीति", लोकतंत्र नीति और नियति, विश्वविद्यालय प्रकाशन, सागर, दिल्ली, 2010, पृ. 210

[39]देखिए क्रमांक (159) पृ. 20-21

[40]देखिए क्रं.(93), पृ60

[41]शशि शर्मा- "राजनीतिक समाजशास्त्र रूपरेखा" ,Phl Learning Private Limited, Newdelhi, 2010 पृ. 844

[42]देखिए क्रं. (161), पृ. 26

[43]देखिए क्रमांक (102), पृ. 138

[44]एल.एस. हरदेनिया - "साझासरकार और राष्ट्र की एकता", मध्यप्रदेश विधानसभा सचिवालय की त्रैमसी शोध-पत्रिका अंक 3, जुलाई-सितंबर 2001, पृ. 22

[45]Anil Parth Aam Chunav Ki Kahani, accessed on 04/03/2019 at 1.30AM,URL:https://m-hindi.webdunia.com/general-election-history/%E0%A

[46]देखिए क्रमांक (168), पृ. 173

[47]Sarkariya Aayog, accessed on 04/03/2019 at 1.30AM,URL:https//hi.m.wikipedia.org/wiki%E0%A

[48]देखिए क्रं.(26), पृ. 115-116

[49]देखिए क्रं.(26), पृ.76

[50]देखिए क्रं.(53), पृ. 1069

[51]देखिए क्रं.(55),पृ. 53

[52]देखिए क्रं.(71), पपृ. 29

[53]देखिए क्रं. (152) पृ. 107

[54]डॉ. बृजेन्द्रकुमार सिंह- "भारत में संसदीय शासन प्रणाली एवं राजनीतिक अस्थिरता", पैसिफिक पब्लिकेशन, 2010, पृ. 110

[55] Rashatpati Shasan ki Kasoti, accessed on 04/03/2019 at11AM,URL:https://www.jagran. com/editorial/apnibaat-test-of-presidents-rule-13613308.html

[56] 02/09/2015, controversial issues between states and the union accessed on 04/03/2019 at 11.30AM

URL:https://www.vivacepanorama.com/the-controversial-issues-between-states-and-the-union3097/

[57] controversial issues between states and the union accessed on 04/04/2018 at 1.30PM

URL:http://googleweblight.com/i?u=http://www.vivacepanorama.com/the-controversial-issues-between-states-and-the-union

[58]देखिए क्रं.(161), पृ. 27

[59]देखिए क्रं.(102), पृ. 244

[60]देखिए क्रं.(152), पृ. 84-85

[61]देखिए क्रं.(71), पृ. 37-40

[62]देखिए क्रं.(56), पृ. 39-40

[63]देखिए क्रं.(39), पृ. 108-109

5

भारत में केन्द्र-राज्य संबंधों के ढाँचे का विकास उस वक्त हुआ था, जब केन्द्र और राज्यों में एक ही राजनीतिक दल का शासन हुआ करता था। परन्तु लगभग दो दशक बाद में परिस्थितियाँ बदली और केन्द्र तथा राज्यों में अलग-अलग राजनीतिक दलों ने अपनी सरकारें बनायी। अतः केन्द्र-राज्य संबंधों में भेदभाव का संदेह उत्पन्न होने लगा।राज्यों द्वारा केन्द्र पर भेदभाव किए जाने के आरोप लगाए जाने लगे तथा केन्द्र ने भी राज्यों की केन्द्र विरोधी सरकारों को बर्खास्त करने का प्रयास किया गया।संविधान के कुछ अनुच्छेदों जैसे 356, 355 और 352 का केन्द्र सरकार द्वारा दुरुपयोग किया गया।केन्द्र ने जहाँ अपनी समर्थक सरकारों को लाभ पहुंचाया, वहीं विरोधी सरकारों से सौतेला व्यवहार किए जाने के उदाहरण भी देखे जा सकते हैं।जिनके चलते केन्द्र व राज्यों में परस्पर तनाव का वातावरण बनने लगा। जिसके फलस्वरूप केन्द्र व राज्यों में टकराव तथा विवाद की स्थिति निर्मित हो जाती है।

भारतीय संविधान निर्माताओं ने देश की एकता एवं अखण्डता को बनाए रखने के उद्देश्य से केन्द्र को अधिक शक्तिशाली बनाया।क्योंकि एक शक्तिशाली केन्द्र ही देश की एकता व अखण्डता को सुरक्षित रख सकता है।यह बात भारत की ऐतिहासिक पृष्ठभूमि तथा वर्तमान परिदृश्य की विघटनकारी प्रवृत्तियों देखने से स्पष्ट हो जाती है।

केन्द्र व राज्यों में विवाद के कई मामलें उत्पन्न होते रहते हैं। संघवाद अथवा केन्द्र-राज्य के मध्य समन्वय की दृष्टि से अधिक समस्या राज्यक्षेत्रों के बीच आर्थिक असमानता की समस्या रही है। केन्द्र और राज्यों के बीच शक्तियों व अधिकारों के बंटवारे की वस्तु स्थिति ये है, कि दोनों संवैधानिक निकायों में अपने-अपने अधिकारों के प्रति ज्यादा आसक्ति है, बजाए कि उनमें किसी कार्यक्रम के क्रियान्वयन की सुविधा को ध्यान में रखने के प्रति। मिसाल के तौर पर विदेश मामले, रक्षा और मुद्रा जैसे मसलें केन्द्र के पास होने में कोई हर्ज नहीं है। परन्तु विकास जनित तमाम मसलों में राज्यों को स्वायत्ता प्रदान कि जानी चाहिए।

भारत की स्वतंत्रता के प्रारम्भिक वर्षों में केन्द्र-राज्य संबंधों पर प्रकाश डालें तो सहयोगपूर्ण स्थिति देखने को मिलती है।इसका एक कारण केन्द्र और राज्यों में एक ही राजनीतिक दल (कांग्रेस) की सरकार का अस्तित्व में होना था।केन्द्र में एकदलीय सरकारें वर्ष 1952 से 1977, 1980 से 1989 और 2014 से अब तक। लेकिन चतुर्थ आमचुनाव के

बाद देश में एकदलीय प्रधानता वाली कांग्रेस दल की सरकार का अस्तित्व धीरे-धीरे समाप्त होने लगा। 1967 में राज्यों में मिली-जुली सरकारें बनने लगी तथा 1977 के आमचुनाव में केन्द्र में गैर-कांग्रेसी सरकार बनी। जिसके परिणामस्वरूप केन्द्र-राज्य संबंधों में बदलाव का दौर प्रारम्भ हुआ। 1989 से 2014 तक देश में गठबंधन सरकारों का अस्तित्व रहा, जिसमें भाजपा के एनडीए (राजग) तथा कांग्रेस के यूपीए (संप्रग) ने गठबंधन सरकारों का नेतृत्व किया।

एकदलीय सरकारों के दौर में केन्द्र-राज्य संबंधों में तनाव और विवाद के मुद्दे कम ही रहे थे।चूंकि केन्द्र व राज्य में एक ही दल की सरकार थी। अतः केन्द्र-राज्य संबंधी समस्याओं को दलीय स्तर पर ही सुलझा लिया जाता था। परन्तु जब केन्द्र व राज्यों में अलग-अलग दलों की सरकारें अस्तित्व में आने लगी तो केन्द्र-राज्य संबंधों में कटुता बढ़ने लगी। क्योंकि अलग-अलग दलों की सरकारों के सत्तारूढ़ होने व उनके बीच वैचारिक मत भिन्नता के चलते केन्द्र व राज्यों के बीच टकराव की स्थिति उत्पन्न होने लगी। गैर केन्द्र शासित राज्यों की सरकारों को केन्द्रीय सरकार ने कई बार अपने राजनीतिक स्वार्थों के चलते बर्खास्त किया।साथही केन्द्र सरकार ने राज्यों की राजनीति में हस्तक्षेप भी किया। अनुच्छेद 356 का अधिक दुरुपयोग एकदलीय सरकारों के दौर में ही किया गया। विशेषरूप से श्रीमती इन्दिरागाँधी और राजीवगाँधी के कार्यकाल में।राज्यों में भी केन्द्र सरकार के प्रतिअसंतोष के स्वर सुनाई देने लगे। आर्थिक मामलों में केन्द्र द्वारा अपर्याप्त सहायता के लिए राज्यों की शिकायतें, राज्य के मामलों में केन्द्र सरकार की बढ़ती हस्तक्षेप की नीति का विरोध, राज्यस्वयत्तता की बढ़ती मांग आदि समस्याएं उत्पन्न होने लगी।इसके बावजूद भी एकदलीय सरकारों के दौर में केन्द्र की स्थिति राज्यों की तुलना में अधिक शक्तिशाली रही।वही दूसरी ओर एक दल प्रधान व्यवस्था के बाद 1989 में गठबंधन सरकार का दौर प्रारम्भ होने के बाद गठबंधन सरकार में केन्द्र सरकार की स्थिति पूर्व की भांति सुदृढ़ नही रह सकी। केन्द्र सरकार का प्रभाव राज्यों की राजनीति में पहले की अपेक्षा कम हो गया।

वर्ष 1967 के बाद से एकदलीय सरकार के प्रभाव में कमी आने तथा राज्यों में गठबंधन सरकारें बनने के बाद से ही केन्द्र सरकार की स्थिति में परिवर्तन आया। 1989 से 2014 तक केन्द्र में गठबंधन की सरकारें ही बन रही थी, जिनका अस्तित्व अपने घटक दलों के समर्थन पर टिका हो तथा। गठबंधन में प्रधानमंत्री व मुख्यमंत्री के पद की सर्वोच्चता में भी कमी आई।गठबंधन की सरकार को अपने अस्तित्व को बनाए रखने के लिए घटक या सहयोगी दलों के समर्थन पर निर्भर रहना पड़ता है।तथा समर्थन के बदले सहयोगी दल सौदेबाजी की नीति का अनुसरण करते हैं।जिसके चलते राजनीतिक व्यवस्था व शासन के संचालन में कई गतिरोध उत्पन्न होते रहते हैं। जिसमें विशेषतः राज्यपाल का पद, राष्ट्रपति शासन तथा इसके अलावा राज्यों के भी कई ऐसे आपसी मुद्दे रहे हैं, जिनको लेकर उनमें विवाद की स्थिति बनी रहती है।भारत के लगभग हर प्रांत के दूसरें प्रांतो से सीमारेखा तथा क्षेत्रों से संबंधित विवाद होते रहते हैं। राज्यों के नदी जल विभाजन, भाषा और आर्थिक मसले उभरते

रहते हैं।राज्यों में नक्सलवाद तथा आतंकवाद भी एक गंभीर समस्या है, और भी अनेक समस्याएं हैं, जिनमें कईबार केन्द्र (प्रधानमंत्री) को हस्तक्षेप करना पड़ता है। कुछ मसले मंदिर-मस्जिद के भी हैं।

केन्द्र-राज्य के बीच उत्पन्न होने वाली इन समस्याओं तथा गतिरोधों को दूर करने के उद्देश्य से समय-समय पर आयोगों व समितियों का गठन किया गया। इन आयोगों और समितियों ने केन्द्र-राज्य संबंधों पर अपनी-अपनी रिपोर्ट प्रस्तुत की।जिनमें सरकारिया आयोग, पुंछी आयोग, राजमन्नार समिति, सीतलवाड़ समिति, आनन्दपुर साहिब प्रस्ताव आदि शामिल हैं।

वर्तमान समय में हमारे देश में राष्ट्रीय प्रभाव रखने वाले दो ही राजनीतिक दल हैं। एक भारतीय जनता पार्टी तथा दूसरा कांग्रेस।किन्तु 1989 के बाद से इन दोनों दलों के प्रभाव में लगातार कमी आने लगी थी। इन दोनों दलों का देश के बड़े राज्यों जैसे उत्तरप्रदेश, बिहार, पश्चिमबंगाल आदि में जनाधार लगभग समाप्त होने लगा था। जनवरी 2012 में सम्पन्न उत्तरप्रदेश के विधानसभा चुनाव में समाजवादी पार्टी को 29.15 प्रतिशत, बसपाको 25.91 प्रतिशत जबकि कांग्रेस को 11.63 प्रतिशत और भाजपा को 15 प्रतिशत मत मिले, जो राष्ट्रीय दलों के कम होते जनाधार को स्पष्ट कराते हैं।इस कारण क्षेत्रीय दल लगातार मजबूत होने लगे थे। परन्तु 2014 और 2019 के लोकसभा चुनाव में गठबंधन सरकार को लेकर बनी धारणा का खण्डन हो गया जब नरेन्द्र मोदी के नेतृत्व में भाजपा को पूर्ण बहुमत हासिल हुआ।

भारत में संघव्यवस्था के अन्तर्गत संविधान द्वारा केन्द्र तथा उसकी इकाइयों के मध्य विधायी, वित्तीय और प्रशासनिक शक्तियों का विभाजन किया गया है। अस्पष्ट शक्ति विभाजन के कारण केन्द्र तथा राज्यों में मतभेद, कटुता, हस्तक्षेप, अतिक्रमण आदि की सम्भावना से इन्कार नही किया जा सकता। केन्द्र और राज्यों के अधिकारों के बंटवारे को लेकर, बजट को लेकर तथा अन्य बहुतसी दूसरी बातों को लेकर तनावों से घिरे रहते हैं। इससे अगर टकराव की नौबत बढ़ती है, तो उससे सीधे-सीधे तो राज्य का नुकसान होते दिखेगा, लेकिन मूलरूप में देश का ही नुकसान होगा और इसके लिए केन्द्र सरकार और प्रधानमंत्री को ही जिम्मेदार ठहराया जायेगा।प्रधानमंत्री को इस मामले में शीघ्र पहल करनी चाहिए और यह बात औपचारिकरूप से सभी तबको को समझादेनी चाहिए, कि लोकतंत्र के तहत संघीय ढाँचा किसी भी दलीय राजनीति से अधिक महत्वपूर्ण है और उसका वैसा ही सम्मान किया जाना चाहिए। जब केन्द्र और राज्यों में अलग-अलग दलों की सरकारें होती हैं, तो इन शक्तियों को लेकर उनके बीच तनाव की स्थिति पैदा होती रहती है। इन परिस्थितियों में प्रधानमंत्री व मुख्यमंत्री के व्यक्तित्व का केन्द्र-राज्यसंबंधों पर गहरा प्रभाव पड़ता है। यदि प्रधानमंत्री का व्यक्तित्व व कार्यशैली प्रभावशाली हो, और उसका नेतृत्व राष्ट्रव्यापी हो तथा वह अपने दल का सर्वमान्य नेता भी हो, तब उसका प्रभाव केन्द्र-राज्य संबंधों पर अधिक पड़ता है जैसे नेहरू, इन्दिरागाँधी, राजीवगाँधी, अटलबिहारी वाजपेयी और नरेन्द्र मोदी। वही

मोरारजी देसाई, देवेगौड़ा, चन्द्रशेखर व डॉ. मनमोहन सिंह आदि की स्थिति अपने दल में इतनी मजबूत नही थी। इसी तरह राज्य के मुख्यमंत्री का प्रभावी होना भी केन्द्र-राज्य संबंधों पर प्रभाव डालता है। यदि मुख्यमंत्री प्रभावशाली नेतृत्व व प्रभावी व्यक्तित्व का होता है, तो वह केन्द्र से अधिक प्रभावशाली तरिके से सौदेबाजी कर सकता है। पश्चिम बंगाल में विधान चन्द्रराय तथा ज्योति बसु, तमिलनाडू में के. कामराज, पंजाब में प्रतापसिंह कैरो, आंध्रप्रदेश में चन्द्रबाबू नायडू, राजस्थान में भैरोसिंह शेखावत आदि ऐसे ही प्रभावशाली मुख्यमंत्री रहे है।

राजनीतिक सत्ता समीकरण में बदलाव के कारण अब केन्द्र-राज्यों में वार्ता का नया नजरिया अपनाने की जरूरत है।इसके लिए राष्ट्रीय विकास परिषद् को भी अपना नया रूप खोजना पड़ेगा। अन्तर्राज्यीय परिषद आदि के संस्थागत ढाँचे में सुधार की आवश्यकता है।

केन्द्र-राज्य संबंधों को पुनःपुनर्गठित करने की आवश्यकता है। जिन प्रस्तावों के कारण राज्यों के वित पर प्रभाव पड़ता है, उन मामलों में उनसे पूर्व विचार-विमर्श को आवश्यक माना जाना चाहिए।संघीय ढाँचे की अब तक की कार्यप्रणाली के विश्लेषण से यह स्पष्ट है, कि सरकारिया आयोग और पुंछी आयोग की सिफारिशों को लागूकर केन्द्र-राज्य संबंधों में उत्पन्न हुए तनावों को कम किया जा सकता है।

- प्राथमिक स्रोत-
- सरकारी ग्रंथ एवं रिर्पोट
- भारतीय संसद चतुर्थ लोकसभा (1967-70), लोकसभा सचिवालय, नईदिल्ली,
- भारतीय संसद पांचवीं लोकसभा (1971-1976), लोकसभां सचिवालय, नईदिल्ली
- भारतीय संसद नवीं लोकसभा (1989-91), लोक सभा सचिवालय नईदिल्ली
- भारतीय संसद दसवीं लोकसभा (1991-96), लोकसभा सचिवालय नईदिल्ली
- भारतीय संसद ग्यारहवीं लोकसभा (1996-97), लोकसभा सचिवालय नईदिल्ली
- आमचुनाव 2009, पत्रसूचना कार्यालय, सूचना और प्रसारण मंत्रालय, भारत सरकार, नईदिल्ली
- आमचुनाव 2014, पत्रसूचना कार्यालय, सूचना एवं प्रसारण मंत्रालय, भारत सरकार, नईदिल्ली
- पी.वी. राजामन्नार, दिसेन्टर-स्टेट रिलेशन्स इन्क्वारी कमेटी रिपोर्ट, मद्रास, 1970
- सरकारिया आयोग की रिपोर्ट-भाग-1-8, राजभाषा विभाग, ग्रह मत्रांलय, नईदिल्ली, 1998
- राज्यसभा वाद-विवाद, अंक 225, संख्या 4, 15 मार्च, 2012
- राज्यसभा वाद-विवाद, अंक 207, संख्या 35, 23 मई, 2006
- राज्यसभा वाद-विवाद, अंक 225, संख्या 4, 15 मार्च, 2012
- राज्यसभा वाद-विवाद, अंक 228, संख्या 3, 26 फरवरी, 2013
- लोकसभा वाद-विवाद, खण्ड 34,अंक 5, 12 अगस्त, 2013
- लोकसभा वाद-विवाद'', खण्ड 33, अंक 21 से 32, 7, मई, 2013
- लोकसभा वाद-विवाद'', खण्ड 35, अंक 207, 23 मार्च, 2006
- लोकसभा वाद-विवाद'', खण्ड 27, अंक 4, 14 अगस्त, 2017
- लोकसभा वाद-विवाद'', खण्ड 30, अंक 12, 10 दिसंबर, 2012
- भारत महालेखा परीक्षक का प्रतिवेदन 31 मार्च, 2008 को समाप्त वर्ष (सिविल), मध्यप्रदेश
- भारत के नियंत्रक-महालेखा परीक्षक का प्रतिवेदन, प्रतिवेदन संख्या-1,31 मार्च 2010 को समाप्त वर्ष के लिए राज्यवित्त, मध्यप्रदेश सरकार
- भारत के नियंत्रक-महालेखा परीक्षक का प्रतिवेदन, प्रतिवेदन, 31 मार्च 2007 को समाप्त वर्ष (सिविल), मध्यप्रदेश सरकार
- भारत के नियंत्रक-महालेखा परीक्षक का प्रतिवेदन, 31 मार्च 2005 को समाप्त वर्ष (सिविल), मध्यप्रदेश सरकार

- भारत के नियंत्रक-महालेखा परीक्षक का प्रतिवेदन, सामान्य एवं सामाजिक क्षेत्र (गैर-सार्वजनिक क्षेत्र उपक्रम) 31 मार्च 2012 को समाप्त वर्ष, वर्ष 2013 का प्रतिवेदन संख्या-4,, मध्यप्रदेश सरकार
- भारत के नियंत्रक-महालेखा परीक्षक का प्रतिवेदन, 31 मार्च 2011 को समाप्त वर्ष (सिविल), प्रतिवेदन संख्या 2, मध्यप्रदेश सरकार
- ग्यारहवीं पंचवर्षीय योजना (2007-2012) समावेशी विकासभाग-1, योजना आयोग, भारतसरकार, योजना भवन, नईदिल्ली, 2008
- ग्यारहवीं पंचवर्षीय योजना (2007-2012) -3, कृषि, उद्योग, सेवाएं और भौतिक अवसंरचना, योजना आयोग, भारत सरकार, योजना भवन, नईदिल्ली, 2008
- बारहवी पंचवर्षीय योजना (2012-2017) तीव्र अधिक समावेशी और धारणीय विकास भाग-1, योजना आयोग, भारत सरकार, योजना से जपब्लिकेशंस एशिया पैसिफिक प्रा.लि. सिंगापुर, 2018
- खण्ड-1, मई 2004 से मई 2005, प्रधानमंत्री मनमोहन सिंह के चुने हुए भाषण, प्रकाशन विभाग-सुचना और प्रसारण मंत्रालय भारत सरकार, नईदिल्ली, 2005
- खण्ड-3, 2006-07, प्रधानमंत्री मनमोहनसिंह के चुने हुए भाषण, प्रकाशन विभाग-सुचना और प्रसारण मंत्रालय भारत सरकार, नईदिल्ली, 2008
- खण्ड-4, जून 2007 से मई 2008, प्रधानमंत्री मनमोहनसिंह के चुने हुए भाषण, प्रकाशन विभाग-सुचना और प्रसारण मंत्रालय भारत सरकार, नई दिल्ली, 2009
- खण्ड-5 2008-09, प्रधानमंत्री मनमोहनसिंह के चुने हुए भाषण, प्रकाशन विभाग-सुचना और प्रसारण मंत्रालय भारत सरकार, नईदिल्ली, 2010
- द्वितीयक स्रोत-
- भालचन्द्र गोस्वामी प्रखर- "उत्तरप्रदेश विधानसभा के बत्तीस वर्ष, (1952-1985)", पुस्तकालय शोध एवं सदंर्भ शाखा विधान सभा सचिवालय, उत्तरप्रदेश, 1989
- आचार्य भालचन्द गोस्वामी- "संसदीय लोकतंत्र में विपक्ष की भूमिका", पोइंटर पब्लिशर्स, जयपुर, 1997
- आचार्य भालचन्द्र गोस्वामी 'प्रखर'- "संसदीय प्रणालीः कुछ अनुत्तरित प्रश्न", अभिषेक पब्लिकेशंस, चण्डीगढ़, 2009
- आचार्य भालचंद्र गोस्वामी 'प्रखर'- "हमारी विधान सभाएं", विवेक पब्लिशिंग हाउस, जयपुर, 2005
- आचार्य भालचंद्र गोस्वामी 'प्रखर'- "भारत का संविधान और उसमें संशोधन", पोइन्टर पब्लिशर्स, जयपुर, 1998
- आचार्य भालचन्द्र गोस्वामी 'प्रखर'- "लोकतंत्र और विधान मण्डल लोकसभा और राज्य विधानसभाओं की कार्य-प्रणाली का समीक्षात्मक विवेचन", पोइन्टर पब्लिशर्स, जयपुर, 2004

- आचार्य भालचन्द गोस्वामी- "राज्यसभा सिद्धांत और व्यवहार", अभिषेक पब्लिकेशंस, चण्डीगढ़, 2010
- आचार्य भालचन्द गोस्वामी- "दल-बदल (दल-बदल विरोधी कानून 1985, दशा और दिशा)", पंचशील प्रकाशन, जयपुर, 1985
- धर्मचन्द्र जैन- "भारतीय राजनीति (इन्दिरा से राजीव तक)", प्रिन्टवैल पब्लिशर्स, जयपुर, 1999
- धर्मचन्द जैन- "राज्यपाल", श्याम प्रकाशन, जयपुर, 1994
- प्रो. धर्मचन्द जैन- "भारतीय लोकतंत्र द्वितीय खण्ड (एकदलीय प्रभूत्व का अन्त)", प्रिन्टवैल पब्लिशर्स, जयपुर, 2000
- धर्मचंद जैन- "भारत में संघीय व्यवस्था (एक विकासात्मक अध्ययन)", श्याम प्रकाशन, जयपुर, 1999
- धर्मचन्द्र जैन- "अनु. 356 का सैद्धान्तिक और व्यावहारिक विश्लेषाण", आर.बी.एस.ए. पब्लिशर्स, जयपुर, 1994
- प्रो. धर्मचंद जैन- "भारत में संसदीय राजनीति भाग-1", आर बी एस ए पब्लिशर्स, जयपुर, 2014
- प्रो. धर्मचन्द जैन- "भारतीय संविधान:अनुच्छेद 352", श्याम प्रकाशन, जयपुर, 2005
- प्रो. धर्मचंद जैन- "केन्द्र-राज्य संबंध (संस्थाओं की भूमिका)", श्याम प्रकाशन, जयपुर, 1999
- धर्मचंद जैन- "राज्यों में राष्ट्रपति शासनः एक विश्लेषणात्मक अध्ययन भाग-1", आर बीएस एपब्लिशर्स, जयपुर, 2004
- मानचन्द खण्डेला- "भारतीय राजनीति का बदलता परिदृश्य", आविष्कार पब्लिशर्स, जयपुर, 2005
- मानचन्द खंडेला- "सोनिया गाँधी और भारतीय राजनीति", पोइन्टर पब्लिशर्स, जयपुर, 2005
- सुभाष काश्यप- "हमारी संसद", नेशनल बुक ट्रस्ट, नईदिल्ली, 1991
- सुभाष काश्यप- "भारतीय राजनीति और संसद, विपक्ष की भूमिका", नईदिल्ली, 1998
- सुभाष काश्यप- "हमारा संविधान", नेशनल बुक ट्रस्ट इंडिया, नईदिल्ली, 2003
- सुभाष काश्यप- "भारतीय राजनीति और संविधान:विकास, विवाद और निदान (1947 से 1997)", राजकमल प्रकाशन, नईदिल्ली, 1999
- डॉ. सुभाष काश्यप, विश्व प्रकाश गुप्त- "राजनीति कोष", हिन्दी माध्यम कार्यान्वय निदेशालय, दिल्ली विश्वविधालय, अगस्त, 2011
- डॉ. बी.एल. फड़िया- "तुलनात्मक राजनीति", साहित्य भवन पब्लिकेशन्स, आगरा, 2001

- डॉ. बी.एल. फड़िया- "भारत का संविधान 1 अपे्रल 2001 यथा विधमान", साहित्य भवन पब्लिकेशंस, आगरा, 2002
- डॉ. बाबूलाल फड़िया, श्रीपाल जैन- "भारतीय संघव्यवस्था", केलाश पुस्तक सदन, ग्वालियर, 1981
- डॉ. पुखराज जैन, डॉ. बी.एल. फड़िया- "भारतीय शासन एवं राजनीति राज्यों की राजनीति सहित", साहित्य भवन पब्लिकेशन्स, आगरा, 2006
- पुखराज जैन- "भारतीय प्रधानमंत्री", साहित्य भवन पब्लिकेशन्स, आगरा, 1981
- डॉ. दुर्गादास बसु- "भारत का संविधान", प्रेंटिस हाल इण्डिया, नईदिल्ली, 1989
- डॉ. डी.डी.बसु- "भारत का संविधान एक परिचय", वाधवा एण्ड कंपनी, नागपुर, 2001
- डॉ. दुर्गादास- "इंडिया फोरम कर्जन टू नेहरू एन्ड आफ्टर", कोलिन्स, लन्दन, 1969
- दुर्गादास बसु-" पार्लियामेंटरी डेमोक्रेसी एंड पोलिटिकल चेंज इन इंडिया", कनिष्क पब्लिशर्स, नईदिल्ली, 1999
- रजनी कोठारी (अनु.-अभय कुमार दुबे)- "भारत में राजनीति कल और आज", वाणी प्रकाशन, दिल्ली, 2005
- रजनी कोठारी- "भारत में राजनीति", ओरिएंटल लांग्मैन, दिल्ली, 1972
- डॉ. रश्मि श्रीवास्तव- "भारत में राज्य-कार्यपालिका सैद्धान्तिक और व्यवहारिक रूप में (मध्यप्रदेश के विशेष संदर्भ में)", किताबघर गांधीनगर, दिल्ली, 1983
- डॉ. रश्मि श्रीवास्तव- "मध्यप्रदेश शासन एवं राजनीति", कॉलेज बुकडीपो, जयपुर, 2008
- एच. एम. जैन- "दीयू नियन एक्ज्यूकेटिव",चेतन्या पब्लिशिंग हाउस, इलाहाबाद, 1969
- एस. एन. जैन- "भारतीय संविधान शासन और राजनीति", राजस्थान हिंदी ग्रंथ अकादमी, जयपुर, 1997
- एस. एन. जैन- "भारतीय राजनीतिक व्यवस्थाः संस्थाएं एवं प्रक्रियाएं", अनन्त पब्लिकेशन, जयपुर, 1993
- डॉ. उम्मेदसिंह इन्दा- "भारत मे राज्य-राजनीति", आर. बी. एस. ए. पब्लिशर्स, जयपुर, 2005
- उम्मेदसिंह इंदा- "संसदीय व्यवयस्था में परिवर्तन की दिशा", कल्पज पब्लिकेशन्स, दिल्ली, 2010
- डॉ. शशिभूषण कुमार- "भारतीय संघवाद केन्द्र-राज्य संबध", जानकी प्रकाशन, पटना, 2009
- शैलेन्द्र सेंगर- "भारतीय राजनीति उभरते मुद्दे", पुष्पांजलि प्रकाशन, दिल्ली, 2008
- शैलेन्द्र सेंगर- "भारतीय प्रशासन बदलते आयाम", कविता बुक सेंटर, दिल्ली, 2008

- शैलेन्द्र सेंगर- ''दलीय व्यवस्था तथा राजनीतिक प्रक्रिया'', पुष्पांजलि प्रकाशन, दिल्ली, 2008
- विमला शुक्ला- ''भारतीय राजनीतिक पद्धति के केन्द्र-राज्य सम्बन्धों के निर्धारण में सचांलन में राजनीतिक दलों की भूमिका'', लोकतंत्र समीक्षा सांविधानिक तथा ससंदीय अध्ययन संस्थान, नई दिल्ली, 1980
- विमला शुक्ला- ''भारतीय संविधान में प्रधानमंत्री की भूमिका'', राजपाल एण्ड सन्स, दिल्ली, 1992
- लक्ष्मीमल सिंघवी- ''लोकसभा निर्वाचन 1980, सर्वेक्षण एवं विश्लेषण'', राजपाल एंड संस, दिल्ली, 1980
- लक्ष्मीमल सिंघवी- ''संसदिय एंव अध्यक्षीय शासन प्रणालीः चुनौतियां और विकल्प'', इंस्टिट्यूट कंसिट्यूशनल पार्लियो में ट्रीस्टडीज, नईदिल्ली, 1983
- डॉ. लक्ष्मीमल्ल सिंघवी- ''लोकतंत्र की विड़ंबना'', ग्रंथ अकादमी, नईदिल्ली, 2010
- डॉ. वैदेही विधोलिया- ''भारतीय संसद'', नवराज प्रकाशन, भजनपुरा दिल्ली, 2006
- डॉ. मीनाक्षी टेलर- ''भारत में संसदिय शासन के औचित्य का परीक्षण'', पब्लिकेशन स्कीम, जयपुर, 1999
- डॉ. सुरेन्द्रकुमार शर्मा- ''संविधान और सरकार'', डिस्कवरी पब्लिशिंग हाउस, नईदिल्ली, 2007
- डॉ. नामा घटाटे- ''अटलबिहारी वाजपेयी गठबंधन की राजनीति'', प्रभात प्रकाशन, दिल्ली, 2004
- नीता शर्मा- ''संविधान का विश्व कोश भारत का संविधान भाग-1'', अर्जुन पब्लिशिंग हाऊस, नईदिल्ली, 2013
- सुरेंद्र मोहन- ''वर्तमान राजनीति की ज्वलंत चुनौतियां'', अनामिका पब्लिशर्स, नईदिल्ली, 2011
- ए.एस अल्तेकर- ''प्राचीन भारतीय शासन पद्धति'', विश्वविद्यालय प्रकाशन, वाराणसी, 2005
- आर.सी. अग्रवाल- ''भारतीय संविधान का विकास तथा राष्ट्रीय आन्दोलन आधुनिक भारत का संविधान'', एस. चांद एण्ड कम्पनी, दिल्ली, 1985
- विपिन चन्द्र- ''भारत का स्वतन्त्रता संग्राम'', हिन्दी माध्यम कार्यान्वयन, दिल्ली विश्वविद्यालय, 1995
- विपिन चंद्र- ''लोकतंत्र आपातकाल और जयप्रकाश नारायण'', अनामिका पब्लिशर्स एण्ड डिस्ट्रीब्यूटर्स प्रा. लि., नईदिल्ली, 2008
- विपिन चन्द्र- ''आजादी के बाद का भारत (1947-2007)'', हिन्दी माध्यम कार्यान्वयन निदेशालय, दिल्ली, 2009
- दिनेश चन्द्र चतुर्वेदी- ''भारतीय शासन और राजनीति'', मीनाक्षी प्रकाशन, मेरठ,

1981

- अभयकुमार दुबे- ''सत्ता और समाज'', वाणी प्रकाशन, नईदिल्ली, 2009
- ए.आर. देसाई- ''भारतीय राष्ट्रवाद की आधुनिक प्रवृत्तियां'', मैक मिलन, नईदिल्ली, 1978
- हरमन फाइनर- ''दथ्योरी एंड प्रेक्टिस ऑफ मॉडर्न गवर्नमन्ट'', मैथ्यून पब्लिकेशन, लन्दन, 1961
- ओ.पी. गोयल- ''इण्डियन गवर्नमेन्ट एडं पॉलिटिक्स'', लाइट एण्ड लाइफ पब्लिशर्स, नईदिल्ली, 1979
- डॉ. जे.सी. जोहरी- ''भारतीय शासन और राजनीति'', विशाल पब्लिकेशन्स, दिल्ली, 1975
- जे.सी. जौहरी- ''तुलनात्मक राजनीति'', स्टर्लिंग पब्लिकेशंस प्रा. लि., नई दिल्ली, 2004
- रमेश जैन, नाथूलाल गुर्जर- ''सूचना का अधिकार अपेक्षा एं एवं चुनौतियाँ भाग-।'', सबलाइन पब्लिकेशन्स, जयपुर, 2006
- जेफरलॉट क्रिस्टोफर- ''द हिन्दू नेशनलिस्ट मुवमेन्ट इन इंडिया'', पेंग्विन इंडिया, नईदिल्ली, 1996
- सुशीला कौशिक- ''भारतीय शासन एवं राजनीति'', हिन्दी माध्यम कार्यान्वयन निदेशालय, नईदिल्ली, 1984
- रूपा मगंलानी- ''भारतीय शासन एवं राजनीति'', राजस्थान हिन्दी ग्रन्थ अकादमी, जयपुर, 2005
- सुब्रत के. मित्रा, वी.वी. सिंह- ''डेमोक्रेसी एंड सोशल चेंज इन इंडिया'', सेज पब्लिकेशन, दिल्ली, 1999
- जी. पार्थसारथी- ''भारत का सांविधानिक इतिहास'', मीनाक्षी प्रकाशन, मेरठ, 1976
- जयनारायण पाण्डेय- ''भारत का संविधान'', सेन्ट्रल लॉ एजेन्सी, इलाहबाद, 2001
- पी.बी. गजेन्द्र गडकर-''दि कॉन्स्टीट्यूशन ऑफ इण्डिया इट्स फिलॉसोफी एण्ड बेसिक पास्चेलूट्स, युनिवर्सिटी कॉलेज, नै रोबी, 1869
- सज्जन पासवोल- ''समकालीन भारत (1947-2000) राजस्थान'', हिन्दीग्रन्थ अकादमी, जयपुर, 2013
- मीना राठौड़- ''भारत में राजनीतिक दल (समर्थन के प्रारूप, सहभागिता व मत-व्यवहार का विवेचन)'', आर बीएस ए पब्लिशर्स, जयपुर, 2003
- मधु राठौर- ''भारतीय राजनीतिक व्यवस्था'', आविष्कार पब्लिशर्स, जयपुर, 2002
- के. संथानम- ''युनियन स्टेट रिलेशन्स इन इण्डिया'', एशिया पब्लिशिगं हाउस, नईदिल्ली, 1960
- महेन्द्रप्रताप सिंह- ''भारतीय शासन एवं राजनीति'', ऑरिएन्ट ब्लैक स्वॉन प्राईवेट लिमिटेड, नई दिल्ली, 2011

- हरिशचन्द्र शर्मा- ''भारत में राज्यों की राजनीति'', कॉलेज बुक डिपो, जयपुर, 1982
- सुभाष शुक्ला- ''इश्यू इन इंडियन पॉलिटी'', अनामिका पब्लिशर्स, नई दिल्ली, 2008
- एम.पी.सिंह, हिमांशुराॅय- ''इण्डियन पॉलिटिकल सिस्टम'',मानक पब्लिकेशन्स, नईदिल्ली, 2005
- प्रदीप सचदेवा- ''अरबन लोकल गवर्नमेन्ट एंड एडमिनिस्टे ªशन इन इंडिया'', किताब महल, अलाहबाद, 2000
- रूचि त्यागी- ''भारतीय शासन एवं राजनीति'', मयूर पेपर बेक, नईदिल्ली, 2006
- के.सी. व्हेयर- ''फेडरल गवर्नमन्ेट'', ऑक्सफोर्ड युनिवर्सिटी, लन्दन, 1971
- के.के. गुप्ता- ''भारत में नौकरशाही'', आविष्कार पब्लिशर्स, 2004
- वेददान सुधीर- ''भारतीय संविधान और राजनीति'', प्रिन्टवैल पब्लिशर्स, जयपुर, 1987
- डॉ. महावीरप्रसाद मोदी एवं डॉ. श्रीमती सरोज मोदी- ''भारतीय राजनीतिक प्रवृत्तियां'', कालेज बुक डिपो, जयपुर, 1999
- डॉ. राज कुमार- ''शासन और राजनीति'', रोशन आफ सेंटप्रिंटर्स, दिल्ली, 2006
- एन.एन. मिश्र- ''लोकप्रशासन के बदलते आयाम'',कनिष्क पब्लिशर्स, नई दिल्ली, 1998
- डॉ. आर.बी.वर्मा, डॉ. मधुसूदन मिश्रा- ''भारत के राजनीतिक दलों का रोगशास्त्र (सगंठन और विचारधारा के सदंर्भ मे)'', ऑफसेट प्रिन्टर्स, जयपुर, 2006
- डॉ. बीरकेश्वर प्रसादसिंह- ''भारतीय शासन एवं राजनीति'', ज्ञानदा प्रकाशन, नई दिल्ली, 2008
- निशा वशिष्ठ- ''भारत में नौकरशाही की कार्यप्रणाली'', प्रिन्टवैल पब्लिशर्स, जयपुर 2005
- एस.के. मजूमदार, भंवरसिंह- ''भारत में केन्द्र-राज्य सम्बन्ध,'' आर.बी.एस.एपब्लिशर्स, जयपुर, 2000
- पी.एन. मिश्र- ''सत्ता का गलियारा'', सुलभ प्रकाशन, लखनऊ, 2003
- डॉ. अमरेश्वर अवस्थी, डॉ. आनन्दप्रकाश अवस्थी- ''भारतीय प्रशासन'', लक्ष्मी नरायण अग्रवाल, आगरा, 2004
- डॉ. श्रीराम माहेश्वरी- ''भारतीय प्रशासन एवं उसका विकास'', लक्ष्मी नारायण अग्रवाल, आगरा, 1996
- डॉ. अनिरूद्ध प्रसाद- ''सेन्टर-स्टेट रिलेशन इन इण्डिया'', दीप एण्ड दीप पब्लिकेशन, नईदिल्ली, 1989
- अमरेश अवस्थी- ''संघ राज्य का उभरता हुआ स्वरूप लोकतंत्र समीक्षा'', सांविधानिक तथा संसदीय अध्ययन संस्थान, नईदिल्ली, 1969
- मणिशंकर प्रसाद- ''भारत में सहकारी सघं़ावाद केन्द्र और राज्यों के दृष्टिकोण'',

लोकतंत्र समीक्षा सांविधानिक तथा संसदीय अध्ययन ससंथान, नईदिल्ली, 1988

- सत्यप्रकाश मालवीय- ''केन्द्र-राज्य सम्बन्ध राज्यपाल की भूमिका'', लोकतंत्र समीक्षा सांविधानिक तथा ससंदीय अध्ययन ससंथान, नईदिल्ली, 1995
- सच्चिदानंद मिश्र- "भारतीय सघां़वाद का अद्र्धसघां़त्मकता से पूर्ण सघां़त्मकता की ओर", विधायिनी, मध्यप्रदेश, विधानसभा, 2004
- डॉ. सच्चिदानन्द मिश्र- "भारतीय प्रजातंत्र की विकाश यात्रा"अंकित पब्लिकेशंस, दिल्ली, 2016
- सच्चिदानंद सिन्हा- "इमरजेन्सी इन प्रस्पेक्टिव रिप्राइव एण्ड चैलेन्ज", हेरीटेज पब्लिशर्स, नई दिल्ली, 1977
- जीवन मेहता- ''भारतीय सघां़ का स्वरूप एक अधीनस्थस घां़'', लोकतंत्र समीक्षा सांविधानिक तथा ससंदीय अध्ययन संस्थान, नईदिल्ली, 1978
- जीवन मेहता- ''अखिल भारतीय सेवाएं तथा भारतीय संघवाद लोक प्रशासन'', मध्यप्रदेश हिन्दी ग्रन्थ अकादमी, भोपाल, 1979
- देवदत्त शर्मा- ''भारत राज्यों का सघां़ या परिसघां़'', विधायिनी, मध्यप्रदेश विधानसभा सचिवालय, भापोल, 1990
- प्रभुदत्त शर्मा- "केन्द्र-राज्य सम्बन्धःप्रशासन के परिप्रेक्ष्य में", राजस्थान हिन्दी ग्रंथ अकादमी, जयपुर, 1976
- शुभ एन. सिंह- ''सेन्टर स्टेट रिलेसन इन इण्डिया मेजर इंन्स्टीट्यूट एण्ड पोस्ट सरकारिया रिव्यू'', एच.के. पब्लिशर्स एण्ड डिस्ट्रीव्यूटर्स, 1990
- सती साहनी- "सेन्टर स्टेट रिलेसन", विकास पब्लिसिंग हाउस, नईदिल्ली, 1984
- एल.एम. सिंघवी- "यूनियन स्टेट रिलेशन इन इण्डिया", इंस्टीट्यटू ऑफ कस्टीट्यूशनल एण्ड पार्लियामेन्ट्री स्टडीज, नईदिल्ली, 1983
- इकबाल नारायण- '"स्टेट पॉलिटिक्स इन इण्डिया", मीनाक्षी प्रकाशन, मेरठ, सन् 1976
- एस.आर. महेश्वरी- "एडमिनिस्ट्रेटिव रिफाम्स इन इण्डिया", जवाहर पब्लिशर्स एण्ड डिस्ट्रीब्यूटर्स, नई दिल्ली, 1993
- सुब्रत सरकार- "दि सेंटर एण्ड दिस्टेट्स", एकेडमिक पब्लिशर्स, कलकत्ता, 1972
- मुरलीधर चतुर्वेदी- "भारत का संविधान", इलाहाबाद लॉ एजेन्सी पब्लिकेशन इलाहाबाद, 1983
- जयनारायण लाल- ''भारत की संघीय व्यवस्था में राज्यपाल की भूमिका'', सांविधानिक अध्ययन संस्थान, नईदिल्ली, 1984,
- महेन्द्र प्रताप वर्मा- "राज्य राजनीति (उत्तरप्रदेश के विशेषसंदर्भ में)", भवदीया प्रकाशन, अयोध्या, 1998
- बी.बी. तायल- "भारतीय राजनीतिक व्यवस्था", सुलतान चन्द एण्ड सन्स, नई

दिल्ली, 2000

- डॉ. रणवीर सिंह, प्रो.आर.पी. गौतम- "भारतीय राष्ट्रीय कांग्रेस में सोनियागाँधी", यूनिवसिर्टी पब्लिकेशन, नईदिल्ली, 2011
- बी.एस.बीर., प्रो.सुरिन्दर बीर सेठी., प्रो. राविन्द्र सिंह सोढ़ी- "एक विशिष्ट व्यक्तित्व प्रधानमंत्री डॉ. मनमोहन सिंह", भारती श्रीप्रकाशन, दिल्ली, 2005
- नरेश कुमार शर्मा- "स्वतंत्रता के पश्चात् भारतीय राष्ट्रीय कांग्रेस", साहित्यगार, जयपुर, 2010
- एम. आई. राजस्वी- "भारत के प्रधानमंत्री", राजा पॉकेट बुक्स, दिल्ली, 2015
- भगवती शरण मिश्र- "भारत के प्रधानमंत्री" (1947 से 2006 तक) राजपाल प्रकाशन दिल्ली 2006
- सत्यमित्र दुबे- "भारतीय राजनीतिः विसंगतियां और दिशाहीनता", यश पब्लिकेशन्स, दिल्ली, 2010
- डॉ. बिमलारावत, वी.एस.रावत- "सोनिया गाँधी सत्ता पर सत्ता", विक्रांत पब्लिशिंग हाउस, दिल्ली, 2012
- जीवराज सिंघी- "महात्मा से मनमोहन तक", रंगप्रकाशन, इन्दौर, 2007
- एन.के.सिंह- "विवेक की सीमा", प्रभात प्रकाशन, दिल्ली, 2011
- पद्मसिंह गजराज- "भारत-अमेरिका संबंध 123 समझौता", अर्जुन पब्लिशिंगहाउस, नईदिल्ली, 2014
- तपन बिस्वाल- "भारतीय राजव्यवस्था और शासन", ओरियंट पब्लिकेशन, हैदराबाद, 2017
- राजीवचैहान-"राज्यपाल-नियुक्ति और कार्यशैली भारतीय राजनीति एवं केन्द्र-राज्यसंबंध", पोइन्टर पब्लिशर्स, जयपुर, 2015
- दिलीपसिंह महरोली- "भारतीय राजव्यवस्था", सागर पब्लिशर्स, जयपुर, 2011
- डॉ. जसवेन्द्रसिंह- "राजनीति, सरकार तथा लोकतांत्रिक व्यवस्था", आर्या पब्लिकेशंस, नईदिल्ली, 2015
- चन्द्रशेखर शर्मा- "भारतीय राज्य और केन्द्र शासित प्रदेश", एच.के. बुक्स, दिल्ली, 2009
- डॉ. नीलिमा सिंह- "भारत की संघीय व्यवस्था में राज्यपाल की भूमिका", सुमित एन्टरप्राइजेज, नईदिल्ली, 2010
- प्रो. रामगोपाल यादव- "संसद में मेरी बात"राजकमल प्रकाशन, नईदिल्ली, 2016
- डॉ. राजेश गुप्ता- "भारतीय राजनीतिक व्यवस्था और क्षैत्रीयदल", तक्षशिला प्रकाशन, नईदिल्ली, 2012
- डॉ. राजकुमार- "शासन और राजनीति", अर्जुन पब्लिशिंग हाउस, नईदिल्ली, 2006
- पी.के.द्विवेदी- "राजनीतिक प्रणाली तथा राष्ट्रवाद की अवधारणा", सुमित इन्टर

प्राइजेज, नईदिल्ली, 2014

- डॉ.एस.वाधवा- "भारतीय राजनीति और प्रशासन", अर्जुन पब्लिशिंग हाउस,दिल्ली, 2006

- डॉ. श्रीमती राजेश जैन, डालचन्द जैन- "भारतीय राजनीति के आयाम", कॉलेज बुकडीपो, जयपुर, 2008

- महेन्द्रप्रसाद सिंह, हिमांशुराय- "भारतीय राजनीतिक प्रणाली संरचना नीति और विकास", हिंदी माध्यम कार्यान्वय निदेशालय, दिल्ली, 2013

- सतीशचन्द्र मित्तल- "कांग्रेस भक्ति से राजसत्ता तक", अखिल भारतीय इतिहास संकलन योजना बाबा साहेब आप्टे भवन, नईदिल्ली, 2011

- डॉ. अमरजीतसिंह नारंग- "भारतीय शासन एवं राजनीति", गीतांजली पब्लिशिंग हाउस, नईदिल्ली, 2004

- पूरणमल- "केन्द्र-राज्य संबंध", आविष्कार पब्लिशर्स, जयपुर, 2004

- पूरणमल- "भारत का संविधान", आविष्कार पब्लिशर्स डिस्ट्रीब्यूटर्स, जयपुर, 2005

- सरला मलिक- "भारतीय प्रशासन", हरियाणा अकादमी, चण्डीगढ़, 1997

- डी.सी.गुप्ता- "भारतीय शासन एवं राजनीति", विकास पब्लिशिंग, जालंधर, 1982

- डॉ. गौतमवीर- "भारत में राज्यों की राजनीति", ओमेगा पब्लिकेशन्स, नईदिल्ली, 2009

- यू.आर.घई, के.के. घई- "भारतीय राजनीतिक व्यवस्था", न्यू एकेडमिक पब्लिशिं गकम्पनी, जालन्धर, पृ. 86-88

- एन.एस.गहलोत- "भारतीय राजनीतिक व्यवस्था दशा एवं दिशा", नेशनल पब्लिशिंग हाउस, जयपुर, 2004

- डॉ. चंचल कुमार- "श्रीमती इन्दिरा गाँधी और कांग्रेस का समाजवाद (1967 से 1977 तक उनकी नीतियाँ तथा उपलब्धियाँ)", साहित्य संचय, दिल्ली, 2014

- डॉ.के.सी.जैन- "भारत के प्रधानमंत्री", यूनिवर्सिटी पब्लिकेशन, नईदिल्ली, 2008

- के.सी. अग्रवाल- "हमारे सपनों के भारत का निर्माण", नॉलेज बुक्स इन्का., नईदिल्ली, 2004

- ओ.पी.गोयल- "भारत शासन एवं राजनीति", लाइट एण्ड लाईफ पब्लिशर्स, नईदिल्ली, 1979

- के.एल.कमल- "डेमोक्रेटिक पॉलिटिकल इन इण्डिया", विलीइस्टर्न लिमिटेड, नईदिल्ली, 1984

- चन्द्रपाल- "केन्द्र राज्य संबंध एवं सहयोगी संघवाद", दीप प्रकाशन हाउस, नईदिल्ली, 1978

- डॉ. जी.पी. नेमा, डॉ. (श्रीमती) राजेश जैन एवं डॉ.हरिशचन्द्र शर्मा- "भारत में राज्यों की राजनीति' 'कॉलेज बुक डिपो, जयपुर, 2018

- डॉ. रामकृष्णदत्त शर्मा- ''लोकसेवाएं एवं भारतीय संविधान'', रितु पब्लिकेशन्स, जयपुर, 2008
- डॉ. (श्रीमती) राजेश जैन- ''भारतीय राजनीति के नये आयाम'', कॉलेज बुक डिपो, जयपुर, 2009
- ब्रजबिहारी कुमार- ''राष्ट्रीय समस्याँए चिंता एवं चिंतन'', कॉन्सेप्ट पब्लिकेशिंग कम्पनी, नईदिल्ली, 2014
- बृजेन्द्रप्रताप गौतम- ''1998 बारहवीं लोकसभा निर्वाचन एंव विश्लेषण'', भावना प्रकाशन, नईदिल्ली, 1998
- ब्रजमोहन शर्मा, एस. एल. वर्मा- ''भारत में संविधानिक आपातकाल'', रावत पब्लिकेशंस, जयपुर 2001
- डॉ. ब्रजेन्द्रप्रताप गौतम- ''चुनावी महासमर चैहदवीं लोकसभा- 2004'', भावना प्रकाशन, दिल्ली, 2005
- ब्रासपॉल- ''दि पॉलिटिक्स ऑफ इण्डिया सिंस इंडिपेन्डेन्स'', कैम्ब्रिज युनिवर्सिटी पे्रस, कैम्ब्रिज, 1990
- बी. सी. नरूला- ''संविधान और सरकार'', अर्जुन पब्लिशिंग हाऊस, नईदिल्ली, 2009
- बी.बी. ताय- ''भारतीय राजनीतिक व्यवस्था'', सुल्तान चन्द एण्ड सन्स, नईदिल्ली, 2000
- बी.एन. शुक्ल- ''द कांक्टीट्यूशन ऑफ इंडिया'', इस्टर्न बुक कम्पनी, लखनऊ, 1982
- डॉ. बसन्तीलाल बाबेल- ''भारत का संविधान'', सेंट्रल लॉ पब्लिकेशंस, इलाहाबाद, 1993
- बी.एन.चैधरी, युवराजकुमार- ''भारत में संवैधानिक लोकतंत्र और शासन'', हिन्दी माध्यम कार्यान्वय निदेशालय, दिल्ली विश्वविधालय, 2013
- बी.एन.चैधरी, युवराजकुमार- ''भारत में राजनीतिक प्रक्रियाएँ'', हिन्दी माध्यम कार्यान्वय निदेशालय, दिल्ली विश्वविधालय, 2013
- बीटकेश्वर सिंह- ''तुलनात्मक शासन एवं राजनीति'', ज्ञानदा प्रकाशन, दिल्ली, 1998
- बिशन टंडन- ''आपातकाल एक डायरी (16 अगस्त 1975 से 24 जुलाई, 1976) भाग-2'', वाणी प्रकाशन, नईदिल्ली, 2005
- डॉ. अंजनीकुमार जम्दग्नि- ''भारतीय संवैधानिक विकास'', नटराज प्रकाशन, दिल्ली, 2005
- अभिलाष खाण्डेकर- ''शिवराजसिंह उदय मध्यप्रदेश का'', वितस्ता पब्लिशिंगप्रा.लि., नईदिल्ली, 2015
- डॉ. आर.के. परूथी- ''तुलनात्मक राजनीति'', अर्जुन पब्लिशिंग हाऊस, नईदिल्ली,

2018

- अरूण चतुर्वेदी, सोहनलाल मीणा- ''राजनीति के विविध आयाम'', प्रिन्टवैल, जयपुर, 1996
- आशुतोष पाण्डेय- ''भारतीय संविधान एवं आपातकालीन प्रावधान'', कॉन्सेप्ट पब्लिशिंग कम्पनी प्रा.लि., नईदिल्ली, 2012
- अवधेश कुमार- ''सोनिया गांधी-कांग्रेस एवं वर्तमान राजनीति'', आकृति प्रकाशन, दिल्ली, 2008
- अंजली निर्मल- ''दी इंडियन प्रेसीडेंट'', पोइंटर पब्लिशर्स, जयपुर, 1997
- अशोक चंदा- ''फेडरलिज्म इन इंडिया(एस्टडी ऑफ यूनियन-स्टेट रिलेशन)'', एलेन एंड अनविल, लंदन, 1965
- अशोक शर्मा- ''भारत में लोकतंत्र व निर्वाचन'', अनुसंध्यान अध्ययन संस्थान, जयपुर, 1984
- अनिल गुप्ता, महिपालचारण हिलाड़ी- ''राज्यों में राज्य प्रशासन'', मैसर्स युनिवर्सिटी, जयपुर, 2005
- अतुल कोहली- ''डेमोक्रेसी एंड डिस्कन्टेन्ट'', कैम्ब्रिज युनिवर्सिटी प्रेस, कैम्ब्रिज, 1991
- अमिताभकुमार मिश्र- ''भारत में गैर कांग्रसी सरकारें उत्तरप्रदेश के परिप्रेक्ष्य में तुलनात्मक अध्ययन'', मानक पब्लिकेशंस प्रा. लि., दिल्ली, 2005
- डॉ. अजयसिंह, डॉ. वीरेन्द्रसिंह यादव- ''भारतीय लोकतंत्र मुद्दे, विकल्प और नीतियाँ'', पैसिफिक पब्लिकेशन, दिल्ली, 2013
- अरविन्द मोहन- ''लोकतंत्र का नया लोक (चुनावी राजनीति में राज्यों का उभार)'', वाणी प्रकाशन, नई दिल्ली, 2009
- अभयकुमार दुबे- ''राजनीति की किताब'', वाणी प्रकाशन, नईदिल्ली, 2007
- डॉ. अमरजीतसिंह नारंग- ''भारतीय शासन एंव राजनीति'', गीतांजली पब्लिशिंग हाउस, नईदिल्ली, 2004
- डॉ. (श्रीमती) अनुभा कुमार- ''भारतीय शासन एवं राजनीति'', राधा पब्लिकेशंस, नईदिल्ली, 2009
- आंनदशंकर शर्मा- ''नेहरूदिव्य पुरूष'', प्रभात प्रकाशन, दिल्ली, 1966
- आर.सी. अग्रवाल- ''भारतीय राजनीतिक व्यवस्था'', एस.एच. एंड कंपनी, दिल्ली, 1982
- औमप्रकाश राय- ''भारत की चुनावी राजनीति के बदलते आयाम'', विश्वविधालय प्रकाशन, वाराणसी, 2006
- ओमप्रकाश गुप्ता- ''भारत का संवैधानिक इतिहास 1956 से वर्तमान समय तक'', केदारनाथ रामनाथ, मेरठ, 1962
- औमप्रकाश पंवार- ''गठबंधन सरकारें एवं राष्ट्रपति की भूमिका (1908-2009)'',

ज्ञान पब्लिशिंग, नई दिल्ली, 2014

- डॉ. राजेशगुप्ता- ''भारतीय राजनैतिक व्यवस्थाएं और क्षेत्रियदल'', तक्षशिला प्रकाशन, नईदिल्ली, 2012
- डॉ. विप्लव- ''भारतीय शासन एवं राजनीति'', संदर्भ पब्लिशर्स एण्ड डीस्टी𑀪ब्युटर्स, नईदिल्ली, 2011
- डॉ. विप्लव- ''आधुनिक सरकारों के सिद्धांत और व्यवहार'', राहुल पब्लिशिंग हाउस, मेरठ, 2011
- डॉ. योगेन्द्रकुमार दीक्षित- ''संवैधानिक दर्शन नीति निर्देशकतत्व एवं न्यायपालिका'', रितु पब्लिकेशन्स, जयपुर, 2010
- डॉ. प्रियंका गुरू, डॉ. श्रीमती शांति श्रीवास्तव- ''भारतीय राष्ट्रीय कांग्रेस पार्टीः विघटन का इतिहास'', अमन प्रकाशन, सागर, 2005
- ज्यॉ द्रेज- ''भारतीय नीतियों का सामाजिक पक्ष'', वाणी प्रकाशन, नईदिल्ली,2017
- संचितासिंह, (संपादन) डॉ. वीरेन्द्रसिंह बघेल- ''भारतीय विदेश नीति दशा और दिशा'', अग्नि प्रकाशन, नईदिल्ली, 2014
- रामनिवास बैरवा- ''राजनीति चैंज मेनेजमेंट'', साहित्य सागर, जयपुर, 2011
- एम.जे. अकबर- ''देश, समाज और राजनीति का आईना'', प्रभात प्रकाशन, नईदिल्ली, 2016
- डॉ. राघवेन्द्र किशोर- ''भारत-अमेरिकीप रमाणु समझौता'', ट्राइडेंटपब्लिशर्स, दिल्ली, 2017
- नरेश गोस्वामी- ''भारतीय संविधानः राष्ट्र की आधारशिला'', वाणी प्रकाशन, नईदिल्ली, 2017
- तपन बिस्वाल- ''भारतीय राजव्यवस्था और शासन'', औरियंट ब्लैकस्वान, हैदराबाद, 2017
- दिलीपसिंह महरोली- ''भारतीय राजव्यवस्था'', सागर पब्लिशर्स, जयपुर, 2011
- डॉ. अमरनाथ कपूर, विश्वप्रकाश गुप्त, मोहिनीगुप्त- ''भारतीय ज्ञानगंगा, राजनीति और शासनकोष'', राधा पब्लिकेशंस, नईदिल्ली, 2007
- चन्द्रशेखर शर्मा- ''भारतीय राज्य और केन्द्र शासित प्रदेश'', एच.के. बुक्स, दिल्ली, 2009
- विश्वप्रकाश गुप्त, मोहिनी गुप्त- ''भारतीय राजनीति विकास और विश्लेषण'', राधा पब्लिकेशंस, नईदिल्ली, 2007
- राजनाथसिंह, प्रभात झा (संपादक)- ''भारतीय राजनीति और हमारी सोच'', प्रभात प्रकाशन, दिल्ली, 2014
- पवन कुमार- ''भारत में प्रसासनिक संस्थाए'', वंदना पब्लिकेशंस, नईदिल्ली, 2011
- घनश्याम चैहान- ''भारतीय सामजिक प्रशासन'', विश्व भारती पब्लिकेशन,

नईदिल्ली, 2009

- राजेश चहल- ''भारत का संविधान नये संदर्भ'', दिव्य्म प्रकाशन, नईदिल्ली, 2014
- राजेन्द्रकुमार मिश्रा- ''स्वतंत्रता बदलता युग-बदलते संदर्भ'', नार्दन बुक सेन्टर, नईदिल्ली, 2006
- आर.पी. जोशी, आर.एस. आढ़ा- ''भारतीय राजनीतिक व्यवस्थाः पुनर्रचना के विविध आयाम'', रावत पब्लिकेशंस, जयपुर एवं नईदिल्ली, 2000
- नरेन्द्र थोरी- ''नेतृत्व, सरकार एवं राजनीति (भारतीय संदर्भ)'', आर.बी.एस.ए. पब्लिकेशर्स, जयपुर, 2003
- गीता शर्मा- ''भारतः पंडित जवाहरलाल नेहरू से मनमोहनसिंह तक'', वन्दना पब्लिकेशंस, नईदिल्ली, 2011
- प्रकाश शास्त्री- ''भारतीय राजनीतिक विचार एवं व्यवहारःउभरते प्रतिमान'', आर.बी.एस.ए. पब्लिशर्स, जयपुर, 2002
- डॉ. सुखबीर शर्मा- '' प्रतिनिधि शासन की रूपरेखा'', सुमित इन्टर प्राइजेज, नई दिल्ली, 2008
- डॉ. दीपक वर्मा- ''भारतीय संविधान भाग- द्विवतीय'', कल्पना प्रकाशन, नई दिल्ली, 2010
- शशिशेखर, सम्पादक-सुरेश शर्मा- ''मिटता भारत बनता इंडिया 21 वींसदी गढ़ते हुए'', राज कमल प्रकाशन, नई दिल्ली, 2012
- राजेन्द्रप्रसाद शुक्ल- ''लोकतंत्र में राज्यपाल'', प्रिन्ट वैल, जयपुर, 1998
- पंकज बिष्ट- ''हम भारत के लोग लोकतंत्रः परंपरा और आयाम'', सूचना और प्रसारण मंत्रालय भारत सरकार, नईदिल्ली, 2011
- लक्ष्मण राव- ''परम्परा से जुड़ी भारतीय राजनीति, वर्तमान भारतीय राजनीति का विश्लेषण'', भारतीय साहित्य कला प्रकाशन, नई दिल्ली, 2006
- गणेश दत्त- ''संसदीय धारा'', प्रिन्ट वैल, जयपुर, 1997
- नीरज श्रीवास्तव- ''संसदीय सर्वोच्चता और मूल अधिकार''शिप्रा पब्लिकेशन, दिल्ली, 1997
- ललितेश्वरप्रसाद श्रीवास्तव- ''संसद और संवाददाता (संसदीय रिपोर्टिंग)'', विश्वविधालय प्रकाशन, वाराणसी, 2008
- एम आई राजस्वी- ''सोनिया गाँधी- भारत की राजनीति को नईदिशा'', अनु प्रकाशन, जयपुर, 2006
- देवेन्द्र स्वरूप- ''संघ, राजनीति और मिड़िया'', प्रभात प्रकाशन, दिल्ली, 2004
- डॉ. कुन्जीलाल मीणा- ''भारतीय राजनीति में मुख्यमंत्री की भूमिका''ए.बी.डी. पब्लिशर्स, जयपुर, 1998
- डॉ. विवेक कुमार- ''बहुजन समाज पार्टी एवं संरचनात्मक परिवर्तन (एक

समाजशास्त्रीय अवलोकन)“, सम्यक प्रकाशन, नईदिल्ली, 2007

- पुण्य प्रसून वाजपेयी- “संसदः लोकतंत्र या नजरों का धोखा“, वाणी प्रकाशन, नईदिल्ली, 2004
- चन्द्रप्रकाश राय- “लोकसभा और विपक्ष, भारत की सातवी लोकसभा पर आधारित“, मित्तल पब्लिकेशंस, नईदिल्ली, 2008
- कृष्णकांत मिश्र- “भारतीय शासन और राजनीति“, ग्रंथ शिल्पी, दिल्ली, 2003
- कृष्णकांत मिश्र- “राजनीतिक सिद्धांत और शासन“, ग्रंथशिल्पी, दिल्ली, 2001
- डॉ. एस. एम. सईद- “भारतीय राजनीतिक प्रणाली“, मैकमिलन कंपनी ऑफ इंडिया, दिल्ली 1978,
- श्यामलाल शकधर- “द लोकसभा इलेक्शन 1971, ए पोस्टमार्टम“, पॉर्लिया मेंटरीस्टडीज, जुलाई, 1971
- श्यामलाल शकधर- “संविधान और संसद, गणतंत्र के पच्चीसवर्ष“, नेशनल पब्लिशिंग हाउस, नई दिल्ली, 1975
- सुमन शर्मा- “स्टेट बाउंडरी चेंलिज इन इंडिया“, दीप एंड दीप प्रकाशन, नई दिल्ली, 1995
- जे. सी. अग्रवाल, एन. के. चैधरी- “लोकसभा इलेक्शंस 1999 लास्ट ऑफ दी मिलेनियम“, शिप्रा पब्लिकेशंस, दिल्ली, 2004
- वी. आर. कृष्णा अय्यर- “दी इंडियन प्रेसीडेंसी“, दीप एण्ड दीप पब्लिकेशंस, नई दिल्ली, 1998
- एम. एल. आहुजा- “जनरल इलेक्शंस इन इंडिया“, आइकॉन पब्लिकेशंस प्राइवेट लि, नईदिल्ली, 2005
- जेड. एम. कुरैशी- “स्ट्रगल फॉर राष्ट्रपति भवनः ए स्टडी आफ प्रेसीडेंशियल इलैक्शंस“, विकास पब्लिशिंग हाउस, दिल्ली, 1973
- के.पी. करूणा करण- “कोयलीशन गवर्नमेंटस इन इंडियाः प्रोबलम्स एन्ड प्रोसपेक्ट“, इंडियन इंस्टीट्यूट आफ एडवांस स्टडीज, शिमला, 1975
- एम.एस. खेड़ा- “दी सैंट्रल एक्जीक्यूटिव“, ओरियन्ट लॉग मेन, नईदिल्ली, 1975
- अनुज गुप्ता- “त्रिशंकु लोकसभाएःगठबंधन सरकारे“, अपूर्वा प्रकाशन, नोएडा, 2003
- यू.एन. गुप्ता- “इंडियन पार्लियामेंट्री डेमोक्रेसी“, एटलांटिक पब्लिशर्स, नईदिल्ली, 2003
- डी.सी. गुप्ता- “इंडियन गवर्नमेंट एन्ड पोलिटिक्स“, विकास पब्लिशिंग हाउस प्रा. लिमिटिड, नईदिल्ली, 1994
- विरेन्द्र ग्रोवर एंड रंजना अरोडा- “इंडियन गवर्नमेंट एंड पोलिटिक्स एट क्रासरोड“, दीप एंड दीप पब्लिशर्स, नई दिल्ली, 1995
- प्रशांत गोस्वामी- “दी प्रेसीडेंटस ऑफ इंडिया डयूरिंग 50 ईयर्स“, बीआर पब्लिशिंग

कारपोरेशन, दिल्ली, 1998

- विद्युत चक्रवर्ती- ''फोर जिंगपावरः कोयलीशन पोलिटिक्स इन इंडिया'', ऑक्सफोर्ड यूनिवर्सिटी प्रेस, नईदिल्ली, 2006
- आर.जी. चतुर्वेदी- ''दी प्रेसीडेंट एन्ड दी कौंसिल ऑफ मिनिस्टरस'', दी इंस्टीट्यूट ऑफ कास्टिट्यूशनल एन्ड पार्लियामेंट्री स्टडीज, नईदिल्ली, 1971
- कृष्णानन्द चतुर्वेदी- ''भारत में केन्द्रीय स्तर पर गठबंधन सरकार'', क्लासिकल पब्लिशिंग कम्पनी, नईदिल्ली, 2009

- Rakesh Sharma- ''lok sabha election 2009 volume-five coalition politics, empitome book, new delhi, 2009
- Sanjay Ruparelia ,sanjay reddy, john harriss, stuart corbridge- ''Undrestanding indian's new political economy'' simultaneously published in the USA and Canada by routledge, 2011
- Rashmi Sharma-"soniya versus Vajpayee 14th lok sabha Elections-2004", deep & deep publications pvt.ltd, 2004
- Satinder Sharma, indra Sharma– "Directory of chif minister's of india", reliance publishing, new Delhi, 2008
- Dr. mahendra gour-"Indian political parties annual 2006, part-ɪ chronology of events 1 april 2005 to july 2005", kalpaz publications, delhi, 2006
- Sanjaya baru- "The accidental prime minister", penguin random house India pvt. Ltd, Haryana, 2014
- Pranab mukhergee- "congress and the making of the indian nation, volume-ɪɪ", academic foundation, new delhi, 2010
- A.S.Kabbur-"centre- "state Relations in india perceptions of Non-congress political parties", Trust books Divisions of manak publications. pvt. Ltd, New delhi, 2004
- S.P. Aiyar and Usha Mehta (eds), "Essays on Indian Federalism", Bombay : Allied Publishers Pvt. Ltd. 1965..
- P.K. Bhargava -" Centre-State Finacial Resources in India" , New Delhi: Birla Institute of Scienctific Research, 1979.

समाचार-पत्रः-

- द टाइम्स आफ इण्डिया
- द इण्डियन एक्सप्रेस
- जनसत्ता

- दैनिक जागरण
- दैनिक भास्कर
- दैनिक दबंग दुनिया
- राज एक्सप्रेस
- नईदुनिया
- स्वदेश
- नव भारत टाइम्स
- प्रभात खबर
- हरिभूमि
- हिन्दुस्तान टाइम्स
- राष्ट्रीय सहारा
- राहत टाइम्स
- अमर उजाला
- दस्टेट्स मैन
- पत्रिका
- द हिंदू
- नार्दन इंडिया
- रोजगार समाचार (साप्ताहिक)
- रोजगार और निर्माण (साप्ताहिक)
- पंजाब केसरी
- सहारा समय
- वीर अर्जुन

समाचार-पत्रिकाएः-

- प्रतियोगिता साहित्य सीरिज (सामान्यज्ञान)
- मनोरमा ईयर बुक
- घटनाचक्र
- आउटलुक
- इंडियाटुडे
- द इकोनोमिक्स, नई दिल्ली
- कुरूक्षेत्र, नईदिल्ली
- धर्मयुग, नईदिल्ली
- पांचजन्य, नईदिल्ली

- मेन स्ट्रीम, नई दिल्ली
- माया, इलाहाबाद
- राष्ट्रधर्म, लखनऊ
- योजना, नई दिल्ली
- फ्रंटलाइन
- इंटरनेट सर्चिंग

www.ingramcontent.com/pod-product-compliance
Lightning Source LLC
Chambersburg PA
CBHW070843160726
48004CB00001B/481